樂律

嬰幼兒心理學

從「認知發展論」
看孩子的思維成長

◆ 自我意識
◆ 協調訓練
◆ 語言學習
◆ 道德形成
◆ 共情能力

郭蓮榮　著

從他律到自律，塑造孩童正確價值觀

嬰兒不停哭鬧是任性嗎？應該要抱起來哄還是放著哭？
阿公阿嬤太溺愛孫子怎麼辦？該如何樹立父母的形象？
怕小孩進度落後又怕壓力過大？爸媽要怎麼督促學習？
要給胎兒聽莫札特還是貝多芬？他真的能聽到樂曲嗎？

新手父母的種種疑問，讓本書用心理學角度來回答！

目錄

目錄

第三章
行為的塑造：讀懂孩子的行為

前言

　　我在講授心理學課程時，時常和學生們分享養育孩子的點點滴滴。孩子就像一面鏡子，可以反映出我們自己的樣子。我有時也會突然意識到，孩子在不經意間說出了我的口頭禪，用了和我一樣的狀聲詞。孩子和媽媽流著一樣的血液，擁有高度相似的去氧核糖核酸序列，這都讓我們難以否認和忽視遺傳對我們成長的影響。

　　行為主義心理學的創始人約翰・布羅德斯・華生（John Broadus Watson）說過：「給我一打健康的嬰兒，我可以隨機把他們訓練成不同職業的人，可以是醫生、律師、藝術家、企業家，甚至是乞丐和賊，而不管他們的天賦、興趣、能力及血統如何。」後天教育可以讓我們超越天賦，打破遺傳劣勢對我們的限制。我們必須了解到，後天教育和遺傳一樣，都對一個人的成長有著舉足輕重的作用，甚至比遺傳所起的作用更大。因此，本書將從嬰幼兒的感覺、知覺、觀察力、思維、記憶、行為、情緒情感和教養方式等方面為各位父母與教育工作者介紹心理學知識，以期他們在教育孩子時可以把後天教育的作用發揮到最大。

　　本書既不是一本只關注心理學技術的應用心理學書籍——不僅僅著眼於如何運用心理學知識解決嬰幼兒身體和心理發展中存在的問題，也不是一本以理論知識為主的心理學科普書籍——不只局限於學科領域中抽象又晦澀的理論。相反，本書關注嬰幼兒發展的各個年齡階段，涉及各個層面，試圖將理論和實際應用系統結合起來。

　　第一章從嬰幼兒基礎的感知覺入手，帶領讀者從嬰幼兒的視角再一次重新認知和理解這個世界，並且討論育兒相關的熱門話題——胎教和早教。透過科普孩子的觀察能力和動作發展的相關知識，能更好地讓父母和教育工作者對孩子來到這個世界的初體驗有明確的了解。

　　第二章重點講述嬰幼兒思維能力的培養，根據孩子成長的發展規律，3～7歲是孩子思維能力發展的關鍵期和敏感期。如果父母和教育工作者能在這個階段抓住機會，對孩子的認知、語言、記憶和學習等能力進行科學養育與引導，那麼他們的育兒焦慮能在很大程度上得到緩解。

　　第三章是讀懂嬰幼兒的行為「密碼」。嬰幼兒在沒有學會說話，或者無法用語言精準表達自己的需求時，只能透過動作來傳達資訊。父母只有破解嬰幼兒這些豐富的身體「密碼」，才能充分了解他們真正想表達的需求，也才能及時做出回應，給予孩子最好的呵護和陪伴。

第四章主要講述的是情緒管理和表達的能力，這項能力並非生來就用，發脾氣、哭鬧、摔東西、踩腳、微笑、依戀等都是孩子的情緒表現。嬰幼兒開始識別和管理自己的情緒。4～8歲是孩子情緒管理的重要階段，父母是教給孩子情緒技能的第一任老師，所以如何應對孩子的各種情緒，是父母的重要課題。

　　第五章講述的是家庭因素對孩子產生的影響，透過分析當下存在的典型問題，父母應該盡可能地給予孩子最大的支持。犯錯並不可怕，因為從嚴格意義上來說，我們也是從「大錯不犯、小錯不斷」的過程中成為父母的，優秀的父母懂得尊重和愛孩子。

　　韓劇《請回答1988》裡爸爸曾愧疚地對二女兒說：「爸爸也不是一生下來就是爸爸，爸爸也是第一次當爸爸，所以我的女兒稍微理解一下吧。」「爸爸」、「媽媽」其實並不是簡簡單單的詞，它們蘊藏著巨大的責任和義務。身為父母，總會思考：要怎麼樣才能給孩子健康且快樂的童年？要怎麼樣才能保護好自己的孩子？要怎麼樣才能教育好孩子？

　　隨著時代的發展、觀念的更新，很多人逐漸意識到父母這個角色所要承擔的責任。父母，不應該只是一種身分。養育孩子，不能僅僅為了傳宗接代，而是應該成為一門學問。任何人在成為父母之前，其實需要先認知自己，修正、完善

　　自身，知道自己的優勢和不足，學習相關的知識，在養育孩子的過程中不斷總結和反思。時刻謹記，孩子是獨立的個體，父母要充分給予他們愛與自由。被承認、被理解和被接納，是孩子重要的情感需求。如果這些需求在童年得不到滿足，那麼他們成年後要走的路會更曲折。

　　本書詳細介紹了嬰幼兒發展變化的各個方面，力圖用淺顯易懂的語句為讀者描述和解釋嬰幼兒行為及其發展變化的方式，更重要的是為讀者更好地提供養育嬰幼兒的指南。

第一章

人生初體驗：這個世界熟悉又陌生

第一節
感覺：世界如何進入大腦

　　精子和卵細胞機緣巧合地結合，成功形成受精卵，進而著落在媽媽的子宮內。胎兒在媽媽溫暖、溼潤的子宮內安心生長，還時不時地擺弄一下臍帶，在羊水裡翻滾來度過這漫長的 9 個月。等待時機成熟後，胎兒將告訴這個世界：「我已經成熟了，可以擺脫韁繩來接觸這個真實的世界了。」經過媽媽的努力後，突然爆出的陣陣啼哭聲宣布著這個胎兒的降臨。

　　隨著新生兒的降生，他對外面這個陌生的世界又有了進一步的感知和理解，那第一聲啼哭和緊緊攥著的小拳頭彷彿在宣告他對於外面世界的好奇。當胎兒從母體分娩出來成為孩子的那一刻，他的感覺系統已經在發揮作用了：他用眼睛去看，物體表面反射的光線由瞳孔進入眼球，再經過晶狀體和玻璃體的折射在視網膜上形成物象，刺激視網膜的感光細胞，最終到達大腦的視覺中樞形成視覺；用耳朵去聽，外界

的聲波穿過外耳道震動了鼓膜，刺激耳蝸的感覺細胞，最終到達大腦的聽覺中樞形成聽覺；用鼻子去嗅，物體內的化學物質經過揮發刺激嗅覺神經，最終到達大腦的嗅覺中樞形成嗅覺……雖然他的很多感覺系統並不完善，但這無疑是他邁向人類社會的重要一步。

感覺反映的是當前接觸的客觀事物的個別屬性，感覺讓我們逐步對世間萬物有了清晰的認知，這有助於我們了解各式各樣的概念，也為我們對事態發展的預測打下了基礎。

一、不同種類的感覺

（一）觸覺

媽媽察覺到胎動時，可以透過撫摸肚子與胎兒建立一種無聲的連接，這種互動在一定程度上可以促進胎兒觸覺神經系統和運動神經系統的發展。媽媽在與胎兒交流的過程中，要注意撫摸孕肚時不可太過用力，同時也有專家明確指出：不建議媽媽頻繁撫摸肚皮，尤其是到了懷孕後期，這個動作容易引發子宮收縮、造成出血，導致胎兒早產。

在孩子成長的過程，觸覺發揮著至關重要的作用。觸覺是孩子感知外界刺激、認知並接觸世界的關鍵途徑。

1950 年代末，美國心理學家哈利・哈洛（Harry F. Harlow）為了研究觸覺對孩子的影響，做了心理學史上著名的實驗——恆河猴實驗，也稱為「母愛剝奪實驗」。哈洛和同事以恆河猴的幼崽為實驗對象，並用兩隻假猴子來替代真猴子媽媽。第一隻是「鐵絲媽媽」，即以鐵絲構造出的猴媽媽形象，「鐵絲媽媽」的胸前擺放著裝滿奶水的奶瓶，其餘的部位都是冰冷的鐵絲。第二隻是「絨布媽媽」，「絨布媽媽」雖然無法提供食物，但全身都被柔軟的布料所圍裹。那麼猴幼崽究竟更願意與哪一隻猴媽媽相處呢？

實驗前，有人根據「鐵絲媽媽」可以滿足猴幼崽對溫飽的生理需求而判斷「鐵絲媽媽」是第一選擇；有人根據「絨布媽媽」可以滿足猴幼崽對接觸的安全感需求而判斷「絨布媽媽」是第一選擇。實驗結果證實了後者的判斷：猴幼崽只有在飢餓時才會去「鐵絲媽媽」那裡喝奶，其他時間一直都和「絨布媽媽」待在一起，特別是在遭遇不熟悉物體的威脅時，猴幼崽更是會緊緊地抱住「絨布媽媽」來獲得安全感。

哈洛的實驗對當時西方的教育理念產生了極大的影響，人們將實驗結果類推到人類身上——越來越重視觸摸對孩子的重要性，再小的孩子都離不開媽媽溫暖的懷抱，這是孩子安全感的根本由來。那麼觸覺的作用有哪些呢？

◆ 保護作用

　　每個孩子對於輕、重、尖、鈍、冷、熱等刺激的感受程度不盡相同。試想一下，在生活中，當我們不小心觸碰到燙的或者是尖銳的東西時，我們是先有疼痛的感覺，還是先往回縮手呢？答案當然是先產生縮手反應，然後才緩過神來看看自己的手是否受傷，有沒有疼痛的感覺。這就是觸覺在我們的實際生活中所起到的保護作用，但是由於先天的遺傳因素和後天的練習效應，我們對於刺激的感受能力還存在一定的差異性。在心理學中，我們把這種感受刺激的能力稱為感受性，也就是說，只有刺激的強度達到一定的區間範圍時，我們才會產生某種感覺，而刺激的強度在這個區間範圍之外（過於弱或者過於強）時，我們的感覺系統就會停止工作。

◆ 認知作用

　　觸覺除了能保護孩子躲避有潛在破壞性的危險情景，還與孩子的認知活動密不可分。佛洛伊德以孩子身體的不同部位獲得性衝動的滿足為標準，將孩子的人格發展劃分為 5 個階段，分別為口腔期（0 ～ 1 歲）、肛門期（1 ～ 3 歲）、性器期（3 ～ 6 歲）、潛伏期（6 ～ 12 歲）、兩性期（12 歲以後）。在口腔期，孩子透過唇部和舌部的吮吸、咀嚼、啃咬、吞咽等動作來獲得性衝動的滿足，並以此來認知世界。也就是在這一階段，媽媽常常發現孩子會把一切能拿到手的

東西放在嘴裡啃咬，有時甚至會啃咬自己的手或腳，這也是他們感到最快樂的行為。可能在媽媽看來，他們咬的東西無非就是有味道的和沒味道的、乾淨的和不乾淨的，但實際上，在每個孩子的發展歷程中都會有口腔發展的敏感期，在這一時期，他們透過嘴來探索周圍的事物，感受「軟」和「硬」，感受自己的「能」和「不能」，他們在嘗試用這種方式探索自身的能力。所以，在孩子 0 ～ 1 歲時，父母盡量準備一些可以讓孩子啃咬的玩具，只要確保這些玩具清洗乾淨即可。當然，父母同時也應該避免讓孩子接觸到剪刀、瓜子等具有危險性的物品或容易讓孩子遭遇危險的食物。

觸覺在孩子的成長過程中發揮著十分重要的作用，部分存在觸覺障礙的孩子甚至會被影響其未來智力的發展，同時孩子的肌肉關節活動、空間感知能力也會相應受到不同程度的影響。

（二）視覺

剛剛出生的新生兒甚至無法將雙眼對焦在一個點上，直到 2 個月後，他們的眼睛才能夠固定、集中於一點，6 個月大的孩子已經可以協調、靈活地轉動眼珠。所以，父母有時觀察到孩子的目光迷離或眼珠偏離，也不用過於緊張，這都是正常現象。孩子還有一個特點就是特別喜歡注視人臉，並且注視人臉的時間要長於注視物體的時間。關於顏色，剛剛

出生的新生兒視野內只有一片片的黑色、白色和灰色，1 個月大的孩子就能辨認紅色，隨後可以開始辨認紅、綠、藍這三原色，而到了 4 個月後，孩子就已經具備和成人一樣辨認顏色的能力了。為了幫助孩子的視覺能力得到有效發展，父母可以用五彩斑斕的顏色來豐富孩子的房間，增加目光所及的場景的色彩豐富度，鼓勵他們多多觀察周邊的事物。

另外，值得注意的是，隨著電子產品的普及，電視、電腦、手機已經是每個家庭必不可少的一部分。在這樣的大環境下，近視兒童更趨於低齡化，排除高度近視父母的遺傳因素影響，越來越多的孩子在讀小學時就已經備受近視的困擾。根據國民健康署「兒童青少年視力監測調查」結果統計，國小一年級新生就有高達 19.8% 的近視率，小六生更高達 70.6%。

專家建議，2 歲前的孩子，應盡量避免使用電子產品；1.5 ～ 2 歲的孩子若要引入電子產品，父母要注意影片的畫質；2 ～ 6 歲的孩子每天使用電子產品的時間應該嚴格控制在 2 小時以內，且在連續使用 20 ～ 30 分鐘後，應該暫停 20 ～ 30 秒。

或許我們無法讓電子產品完全遠離孩子的生活，但透過增加課外活動、提升影片品質、培養良好的用眼習慣等方式都可以緩解電子產品對孩子視力的影響。WHO 資料顯示，全球有 8% 至 62% 人口近視，亞洲尤其嚴重，臺灣未滿 18 歲

近視占比高達 85%，而美國青少年的近視率僅為 10%。各國之間的孩子在視力方面為什麼會有這麼大差距呢？真正的原因可能在於戶外活動時間的差異。歐美國家的父母更重視孩子的戶外活動，例如：讓孩子在家門口的花園裡追逐、課後報名體育活動等，而亞洲父母可能更注重孩子的課業成績。

孩子在戶外活動，可以接觸更多的陽光，陽光能刺激眼部的感光細胞。另外，在戶外的視野要比在室內更開闊，孩子能無限望遠，這樣能夠有效調節睫狀肌，緩解視力疲勞。恰當的戶外運動可以更好地預防近視。但是父母也要注意，避免孩子接受強光的直接照射，必要時需要戴好墨鏡，並做好防曬工作。

（三）聽覺

聲音刺激產生聲波，並透過外耳道引發鼓膜的振動，經由聽覺神經的傳導，進入大腦的聽覺中樞，我們便產生了聽覺。孩子的聽力發展十分迅速，出生 1 天後，他們便能區分出聽過和未聽過的聽覺刺激；出生 1 週後，他們的聽力就已經發育得相當成熟了；而出生 5 個月後，孩子便能對聲音加以回應了。我們還會注意到父母的聲音可以引發孩子積極的反應，如微笑、手舞足蹈等，這也是為什麼我們一直鼓勵父母要有感情地講故事，而不是選擇機械性的電子設備來為孩子講故事。

　　胎兒在媽媽的子宮內成長的過程中，如果醫生將聽診器放在媽媽的肚子上，媽媽會聽到來自腸道的蠕動聲等低頻雜訊。其實媽媽的肚子相當於一個低通濾波器，胎兒在媽媽的肚子裡聽到的更多是媽媽的說話和心跳，也就是說，無論媽媽放的音樂是巴哈還是莫札特，在孩子聽來都是「嗡嗡嗡」。從懷孕中期開始，胎兒就能逐漸聽到外界的聲音。子宮內胎兒的各項生理器官比較脆弱，雖然胎兒的耳蝸距離聲源還間隔著媽媽的皮膚、脂肪、羊膜等保護機制，這些都會大大削弱聲音的響度；但過於貼近的聲源也會損害孩子的聽力發育，嚴重時還可能會造成胎兒出生後聽力損失。也就是說，如果媽媽直接把耳機緊貼在孕肚上，會對胎兒的聽覺產生非常大的影響。

　　其實最有效的胎教莫過於媽媽保持心情愉悅放鬆，只有當媽媽真正沉浸在音樂中或者發自內心地感到快樂時，胎兒才有可能得到更好的成長。

　　說到聽覺，就不得不談一下聽覺定位的能力。孩子的聽覺定位具有一個顯著的特點：呈 U 形發展。具體來說，早在 1 ～ 2 個月大時，孩子就可以藉助條件反射具備將頭轉向聲源的能力。等到 2 ～ 3 月時，這個能力突然消失，直到 4 個月大時才又開始顯現。這是因為隨著孩子年齡的增長，他們由皮層下主導的聽力定位逐步轉移到由皮層部位支配，以提高聲音定位的準確性。

我們還可以利用聽覺改善孩子的生活。有研究顯示，白雜訊有助於孩子的睡眠。所謂白雜訊，就是用來遮罩背景聲音的一種特殊聲音。白雜訊種類繁多，如人為製造出來的嘶嘶聲、機器雜訊、環境聲音等。我們最好採用不含高頻段的聲音，這樣孩子聽起來會感覺更舒服。比如：在黑暗和明亮的房間內，有人突然打開手電筒，前者更能引起人們的注意，而後者通常讓人覺察不到。白雜訊主要在於幫助孩子避免在睡眠中感受到周圍聲音的突然變化，從而減少雜訊造成的睡眠困難。

（四）味覺

　　在媽媽的子宮內，胎兒的味覺就開始發育了：在子宮內4個月時，胎兒便開始以品嘗羊水來取樂；再過4個月，胎兒味覺的神經束得到更充分的發展，並且最終髓鞘化。這也促使胎兒在一出生後，其味覺便發育完善，並具備了一定的味覺能力。

　　但是父母也要注意，盡量不要在1歲以內的孩子的輔食裡添加食鹽，原因是孩子的腎臟功能還不夠成熟，如果過量攝取食鹽中的鈉元素，他們的腎臟功能會受到損傷，甚至還會增加成年之後患高血壓和心臟病的風險。還有一個原因在於，孩子的味蕾分布得比較全面，甚至會比成人對味覺更敏感和更豐富。孩子此時更偏愛甜味和鮮味的食物，他們的味

覺相比於我們而言稍顯遲鈍，我們不需要以成人的「美味要求」來衡量孩子的輔食。

　　孩子出生後，最先接觸和品嘗的大多是母乳或奶粉，但是這樣單一的味覺刺激可能會引起孩子偏食。為此，父母可以在提供母乳或奶粉的基礎上，再提供一些味道豐富的鮮果汁等，以此來豐富孩子的味覺體驗。孩子 6 個月到 1 歲這個階段，是他們味覺感受性較強的時期，也是添加輔食的關鍵時期。父母要為孩子提供多種食物的嘗試體驗，以充分發展他們的味覺，擴展接觸的食物範圍，避免未來養成偏食的習慣。

（五）嗅覺

　　嗅覺是由嗅神經系統和鼻三叉神經系統控制的。從演化的角度來看，嗅覺是一種本能機制，我們能根據氣味來判斷周圍環境是否安全，並以此來確定下一步的行動。比如：我們透過嗅覺了解到，含硫的東西都很難聞，我們最好遠離它。這是因為在自然界中，釋放硫的物體通常正在腐爛，硫的氣味暗示我們，這裡面有很多有害物質。氨是另一種令人拒絕的、難聞的物質，這是因為我們的祖先早已意識到，當氨的濃度足夠高時，會損傷我們的生命。因此，我們藉助基因的力量，本能地學會了遠離這些氣味，並掌握了這種自我保護的方式。

另外，清香的花香、甜蜜的果香則傳遞給人們一種新鮮的感覺，所以我們的香水常常含有花香和果香。當我們想表達感謝或者祝福時，也會贈送鮮花或者水果籃，因為這種氣味已經和我們大腦的愉悅情感產生了聯結。除了鼻子會感知到嗅覺外，其實嗅覺還有一部分功能被隱藏在「後面」，大家可以回想，在進食時，我們透過咀嚼將食物內的化學物質揮發出來，這些物質具有的氣味會在不經意間由口腔鑽入鼻腔，這能夠讓食物的風味更加「飽滿」，這部分嗅覺被歸為「鼻後通路」。我們很容易忽視這部分靈敏的嗅覺能力，而誤以為這些氣味完全來自口腔。

人們還常常誤認為嗅覺是最弱的感覺，但它恰恰是最強大的感覺之一。剛出生的新生兒就已經有能力對刺激性的氣味表示厭惡，2 個月大的孩子能對刺激的氣味產生排斥反應，如搖頭等拒絕行為。嗅覺會隨著年齡的增長而不斷發展，我們分辨氣味的能力會進一步提升。

二、感覺的重要性

《鬼店》是一部經典的恐怖片，講述的是一位為了尋求寫作靈感的作家傑克・托倫斯選擇接管一座奢華但靜謐的山間飯店，傑克認為偏遠幽靜的環境可能更有利於自己作品的創作，但社交的缺乏、外部刺激的不足等感覺剝奪，最終導

致傑克近似瘋癲，他不再專心寫小說，頭腦開始出現各式各樣的幻覺，並在紙上一遍又一遍地寫著「只工作不玩耍，聰明的孩子也變傻」。最終，他舉起斧頭朝向自己的妻兒。雖然是戲劇化的電影，但藝術源於生活，我們可以從中了解到感覺刺激對我們生活的重要性。

心理學有一個經典的感覺剝奪實驗，由貝克斯頓（W. H. Bexton）、赫倫（W. Heron）和斯科特（T. H. Scott）主導設計。實驗中，研究人員利用豐厚的報酬吸引了大量的大學生受試者。研究人員將受試者放置在柔軟的床墊上，在他們的雙手戴上手套以減少外界帶來的觸覺體驗。研究人員還會讓受試者戴上特殊的眼罩，只能看到微弱的光線，但無法看到具體物體的明確邊界、稜角，以減少光照帶來的視覺體驗。

總之，透過各種合理的方式剝奪受試者的視覺、觸覺、聽覺等感覺。在研究過程中，研究人員觀察到受試者在剛開始的 8 小時還能透過睡覺來打發時間，但隨後，受試者便會感覺到枯燥和無聊，開始自言自語、焦躁不安，甚至還會出現注意力難以集中、思維混亂等情況。感覺的剝奪不僅給受試者的身體帶來了傷害，他們的心理也受到了不同程度的影響，因此很多受試者寧願放棄豐厚的酬勞，而選擇中途退出實驗。

感覺的重要性一般展現為以下幾點：

（一）我們透過感覺獲取內外環境的資訊

不知道大家有沒有聽說過，有些孩子會把手燒傷而不自知，因為他們可能沒辦法判斷出什麼是「燙」這一感覺。還有些孩子摔傷了也不哭不鬧，不是因為他們乖巧懂事，而是他們無法識別出「痛」這一感覺。我們稱這種感覺障礙為感覺缺失，指當人們處於意識清晰的狀態下，無法像旁人一樣對刺激做出正確的反應。感覺缺失的患者因為難以恰當地識別感覺，身體無法及時避開傷害而會導致更嚴重的後果。比如：我們普通人用手觸碰到熱水，會下意識地把手縮回來，而感覺缺失患者因無法正確識別出刺激，從而導致燙傷這類後果。我們在日常生活中需要各種感覺來傳遞和獲取重要資訊，例如：運用聽覺判斷聲源在何處，運用嗅覺判斷食物的安全與否等。

我們的生活需要各式各樣的刺激，運動可以帶來運動刺激，燈光可以帶來視覺刺激，交往可以帶來社會刺激。強行剝奪這些刺激，或許會打造出「閉關修煉」的境界，但各種社會事例卻告訴我們，長期處於感覺剝奪狀態下的個體會出現各種精神異常現象，如反應遲鈍、精力不集中、注意力渙散、思維混亂、邏輯推理能力下降等。

在一檔親子節目裡，一位媽媽對孩子過度溺愛，因為害怕出門帶來的危險，害怕家具帶來的磕磕碰碰，這位媽媽乾

脆把家裡所有的家具都搬空。這樣的確能在一定程度上保護孩子，但是我們也可以看到，在這種教育方式下成長的孩子到 4 歲還無法獨立上廁所，不愛吃飯，一直活在媽媽營造的「假想安全」下。這會影響孩子安全意識的建立，使孩子無法樹立起保護自己的意識。從長遠來看，這是非常不利於孩子成長的。為此，給予孩子一定的刺激，讓他們自己用手去感受大自然的脈搏，用耳朵去傾聽風吹動樹葉的沙沙聲，用笑聲、眼淚和大喊學會如何與朋友相處，這才是最適合孩子的成長方式。

（二）我們透過感覺使得身體與環境保持平衡

我們的身體與外界環境的互動需要處於一定的平衡狀態。

當下這個網際網路時代，資訊超載特別普遍。資訊超載是指個體在處理資訊時，因資訊量過大而超出了個體的決策和分析能力的一種現象。資訊超載會導致個體難以準確判斷哪種資訊是有效的、哪種資訊是不需要的，也就是說，它會使我們獲取資訊的效率降低。研究顯示，資訊超載在一定程度上還會增加患上心腦血管疾病的機率。相反，我們之前提到的感覺剝奪實驗就是典型的資訊不足的現象，這也是一種讓機體不舒服的失衡狀態。

總之，我們需要利用感官來確保機體與環境的資訊平衡，確保機體處於一種合適的狀態。

（三）感覺是高級心理活動的基礎

我們透過視覺看到周邊五彩斑斕的世界，透過聽覺享受曼妙的音符。在這些感官刺激帶來的感受中，我們才能初步認知外在世界，也只有以感覺為基礎，我們才能逐漸形成知覺、想像、記憶、思維等高級的心理活動，並產生情緒情感、道德等體驗，這些最終會影響我們接下來的行動決策。

如果我們的大腦無法對各類感覺資訊進行有效整合，就會產生感覺統合失調。失調的結果是，我們的機體無法高效地運轉，身心健康都會受到不同程度的影響。具體表現為無法準確抓握玩具的本體感覺失調，走路歪歪扭扭的前庭感覺失調，偏愛高昂聲音的聽覺系統失調等。這些現象的發生可能是因為媽媽在孕期對胎兒的疏忽，或新生兒出生後哺育方式不當，以及錯誤的教育方式而導致的。

三、早期的胎教有意義嗎

簡單來說，胎教就是孕媽媽盡可能為胎兒創造良好的發育環境，以提高胎兒各項能力素養的方法。早在古代，就有人採取了胎教的方式，例如：周文王的母親太任被稱為中國最早進行胎教的人，在懷孕時，她要求自己「目不視惡色，耳不聽淫聲，口不出敖言」。不少人將周文王勤政愛才、善

施仁德的優秀品格歸功於太任的胎教。那麼我們應該怎樣看待胎教呢？

胎兒在媽媽子宮裡時就已經逐漸發育出眼睛、耳朵、鼻子、皮膚，能夠慢慢體驗到視覺、聽覺、嗅覺和觸覺。胎兒甚至可以透過媽媽的肚子看見各種光線的變化，媽媽還可以在孕期透過進食不同類型的食物，豐富胎兒的嗅覺和味覺受體，避免孩子出生後挑食。那麼胎教究竟應該怎麼做？胎教真的有用嗎？

研究顯示，媽媽在進行音樂胎教時，音樂的強度和頻率都要注意不可過高。具體來說，音量不應超過 60 分貝，頻率不應超過 2,000 赫茲。否則高強度和高頻率的聲音會影響胎兒的聽力，從而導致新生兒聽力器官受損。可是實際上，普通家庭一般都不會準備分貝儀這類響度測量工具，並且我們很難知道肚子裡的胎兒聽到的聲音究竟是怎麼樣的。除此之外，胎兒在子宮內不僅玩耍，還需要睡眠。而媽媽是很難合理掌握準確的時間段的，這種在不合適的時間施加的刺激，反而會干擾胎兒正常的作息。這就像我們半夜睡覺時，再動聽的音樂都會讓我們覺得刺耳。

為此，父母在進行胎教時，不妨先詢問下專家的建議，再進行科學的胎教。

在各種育兒焦慮的影響下，不少父母為了讓孩子能一出生就贏在起跑點上，會選擇對胎兒進行胎教。不知道大家有

沒有聽說過莫札特效應 —— 有些研究人員主張利用莫札特的音樂進行胎教，不僅可以提高胎兒的聽力，還能促進他們的大腦生長發育。不少商家也將這個理論運用到胎教中，推崇和主張莫札特的音樂能讓孩子更聰明。但實際上是怎樣的呢？莫札特的音樂創作主題豐富、風格多樣，他的音樂有時激昂熱烈，有時躊躇滿志，有時悲傷不已，這種類型的音樂其實是不適合用來胎教的。

另外，也有不少父母想在孕期為胎兒提前安排其他的活動，比如：播放英語、唐詩、宋詞等，他們認為利用這個階段提前學習，可以讓孩子在正式上學時更快地學習知識。其實，早有科學研究顯示，孩子各項能力的發展是有關鍵期和敏感期的，也就是說，孩子會在某些階段內比其他任意階段更容易爆發性地學會某些知識和技能，比如：2 歲是動作敏感期，3 歲是感覺敏感期，5 歲是數字概念敏感期，但並沒有任何研究顯示某個知識和技能的關鍵期是在胎兒階段。

那麼，孕媽媽在對胎兒進行胎教後，他們在出生後會比其他沒有進行胎教的同齡人更聰明嗎？國內外不少研究都證明，胎教並非直接作用於胎兒，最好的方式還是透過改變孕媽媽的情緒與精神狀態，進而影響母體激素和各種化學介質的分泌，最終間接影響到胎兒的大腦發育。換句話說，孕媽媽開心了，孩子就會成長得更好！所以，孕媽媽實在沒必

要糾結到底選擇莫札特的鋼琴曲還是貝多芬的古典音樂。如果喜歡搖滾就聽搖滾，喜歡爵士就聽爵士，喜歡工作，那就認真工作也無妨。孕媽媽的心情是孩子健康成長的最大助力劑，她們要放平心態，清楚地意識到子宮的最大好處是替胎兒隔絕了各種負面、有害的刺激，並提供了有助於胎兒成長的溫暖、溼潤的環境。

四、引導性想像

孩子需要經常在戶外走動，體驗最舒爽的風，晒最溫暖的陽光，聞最甜的花香。只有他們親身體驗過後，才可以想像出最生動的畫面。

引導性想像是指透過外部的語言引導使人們在自己的腦海中想像出一幅屬於自己的圖像，在想像的過程中，我們會產生視覺、聽覺、觸覺、味覺和嗅覺等體驗，並且觸發機體，產生相應的生理反應和行為表現。比如：當孩子因為不能出門而大哭大鬧時，我們可以幫助他想像在湖邊是如何玩水的，雙手如何感受到湖水的清涼，皮膚如何感受到太陽的溫暖。當我們引導孩子想像在自然環境中的快樂時，也就調動了多處感官的配合，這可以有效緩解孩子的焦慮。當父母因為照顧孩子而感到筋疲力盡時，也可以試試運用引導性想像緩解下自己的焦慮。

第二節
知覺：我是如何理解這個世界的

　　看見雨後天空中的雲橋，填充著「紅、橙、黃、綠、藍、靛、紫」的色彩，我們會脫口而出 ──「這是彩虹」。我們在感覺到事物後，經過一系列的組織和解釋能形成對事物的整體認知。我們可以透過知覺反映出作用於我們感官的事物本身的意義，再加以概括，對事物進行一定的解釋。

　　知覺是對直接作用於感覺器官的客觀事物的整體認知。比如：有些孩子看見大大的玩偶時會感到欣喜，並情不自禁地上去擁抱玩偶；但也有些孩子在看到那麼大的玩偶時，會感到害怕而放聲大哭。不要因此責怪孩子的膽小和無知，或許這只是由於經驗不足而導致的知覺偏差現象。

一、知覺特性

　　知覺的恆常性。當客觀條件在一定範圍內改變時，我們的知覺映像卻在相當程度上保持著它的穩定性。比如：遠處

的人逐漸向我們走來，呈現在我們視網膜上的映像應該是由小變大，但我們對這個人的高矮直覺卻一直保持穩定。知覺的恆常性總是透過視覺線索形成。視覺線索包括周圍物體大小、方位和照明條件等各種資訊。我們可以變化這些條件幫助孩子理解事物的本質。

◆ 知覺的整體性

知覺的對象是由不同屬性的許多部分組成的，人們在知覺它時能依據以往經驗組成一個整體。孩子就是透過知覺這個特性能夠迅速對人的面孔進行加工，從而識別對方到底是照顧者還是陌生人。

◆ 知覺的理解性

我們會以已有的知識經驗為基礎去理解和解釋事物，並用詞語加標誌的特性，使它具有一定的意義。當我們看到一些不規則圖形時，可能有些人會看成小狗，有些人會看成小貓，這正是因為知覺的理解性在不同的個體上存在差異，所謂「外行看熱鬧，內行看門道」，說的就是這個道理。

◆ 知覺的選擇性

我們會根據自己的需求與興趣，有目的地把某些刺激資訊或刺激的某些方面作為知覺對象，而把其他事物作為背景進行組織加工。比如：雞尾酒會效應（cocktail party effect）

就是知覺的選擇性的展現，我們常常把注意力集中在與某一個人的談話之中，而忽略背景中其他的對話或者雜訊。在平時的育兒活動中，父母要重點幫助孩子找到知覺的對象。

二、知覺類型

（一）深度知覺

剛會爬的孩子就已經具備了深度知覺的能力，沃克（R. D. Walk）和吉布森（E. J. Gibson）的視覺懸崖實驗就證明了這一點，這個實驗後來被稱為發展心理學史上最經典的實驗之一。研究人員在玻璃板下放置了一塊由不同棋盤式圖案構成的布料，藉助布料上的不同圖案構成視覺錯覺，並確保在安全的環境下研究孩子的深度知覺。研究發現，當把孩子放在產生「視覺懸崖」的布料上方，孩子的心跳速度會減慢，這也意味著這個階段的孩子已經能夠充分意識到深度知覺，能夠確認物體深度的存在。研究人員還設置了媽媽在懸崖的一側招呼孩子的情景，結果發現，孩子在圖案不會引起深度知覺時，會選擇立刻爬向媽媽；當孩子面對引起「錯覺懸崖」的情景時，反而會比較遲疑地爬向媽媽。研究還有一個有價值的發現，當孩子看到媽媽害怕的表情時，他們會拒絕再向前爬；當深度較小時，孩子不再觀察媽媽的表情而徑直向前爬。

　　孩子開始學會運用非語言交流，並且從中獲得資訊以改變行為的方式叫「社會性參照」，這也是孩子社會性參照發展中的重要表現。

（二）時間知覺

　　幼兒初期的孩子只能和自己的生活連繫在一起，進而理解時間的概念，比如：吃早點的時間就是早上，媽媽下班回家的時間就是傍晚。他們在理解有關時間的詞語時，會將詞義泛化，例如：「昨天」可能泛指「今天」前的某一天。幼兒中期的孩子開始理解「昨天」和「今天」，但對於複雜的「大前天」、「大後天」就有點混淆了。

　　幼兒晚期的孩子能夠理解諸如「春、夏、秋、冬」、「昨日、今日、明日」這樣的時間概念，但對於「5 秒」這樣短時間的理解則略顯困難。但等到他們進入幼稚園後，時間知覺會得到有效的發展，他們已經理解「週末不用去幼稚園」、「7 點半需要出門去幼稚園」這種語句，父母經常培養孩子的時間習慣，也有助於孩子逐步理解有關時間的概念。除此之外，幼稚園有規律、有計畫的生活節奏能夠幫助孩子建立一定的時間觀念，還能促進孩子對短時間的理解，如午餐的時間限制、課外活動的時間範圍、體育課上的運動時間等。

（三）形狀知覺

從孩子對形狀的掌握和應用來看，一般具有以下規律：他們會先從圓形、正方形、三角形開始熟悉，然後依次掌握長方形、半圓形、梯形、菱形，最後是平行四邊形。孩子在平時的活動中可以利用視覺、觸覺和動覺等多種通道的結合來更好地掌握形狀知覺。另外，有研究發現，相比於物體的中心，孩子對物體的輪廓有更多的偏愛，比如：他們更關注圖形的線條和稜角；相比於簡單的線段，孩子更偏愛由曲線、各種線條朝向等組成的複雜圖形。僅僅在出生後的幾個小時內，孩子就可以透過視覺線索認識媽媽的面孔，並學會辨認誰是自己的媽媽。這或許是因為媽媽能夠滿足他們生理和安全的需求，能夠幫助他們更快、更好地在惡劣的環境中適應下來而發展出的本能。

三、孩子的感知適應能力有多強

1950 年代，心理學家羅伯特・范茨（Robert Fantz）在對孩子視覺的研究過程中，發現孩子對事物的注視時間有所不同，進而提出了習慣化的概念。

習慣化是指由於刺激重複發生而無任何意料之外的結果，致使個體對這種刺激（如預警鈴聲、警報聲）的自發反

應減弱或消失的現象。那麼什麼是去習慣化呢？即已經對某一刺激形成習慣化的孩子，當呈現新的刺激物給他時，又會引起他新的注意。改變刺激的形式或結果，可能會使習慣化的反應重新發生。如孩子在第一次看到紅色的氣球時，眼珠會隨著氣球來回轉動，但是時間久了你會發現，孩子彷彿已經習慣了氣球的存在，甚至對它提不起一點興趣，這就是一種「習慣化」，簡單來說就是看膩了。還是剛剛的例子，我們在紅色氣球的表面上畫了一個新的圖案，這時孩子的注意力又重新回到了這個氣球的身上，這就是「去習慣化」的過程。

我們可以從以上實驗中獲得一定啟示：單調的、不斷作用的刺激會讓孩子失去興趣，甚至會產生厭煩情緒，這對於孩子學習能力和探索能力的發展往往是不利的，這就需要父母在教育過程中可以從增加外界刺激的選擇性和靈活性上入手，以期保持孩子活躍的興趣狀態。

我們可以從選擇不同類型的玩具和不同種類的兒童繪本入手，或者透過時間變數來改變熟悉度，比如：把以前熟悉的刺激物在間隔一段時間後再拿出來呈現，也會產生一定的新異性效果。

第三節
觀察力：小觀察成就大思維

　　觀察是一種有計畫、有目的、有組織、比較持久的高級知覺過程，是人類對外界客觀世界的主觀體驗活動。心理研究人員根據孩子觀察的自主性，將觀察力的發展分為以下 4 個階段。

* 第一階段：0 ～ 3 歲的孩子觀察成效較差，難以獨立進行觀察任務，會受到注意的不隨意性的影響。

* 第二階段：4 歲的孩子能按任務安排主動進行觀察，但觀察過程中仔細程度較差，持續時間較短。

* 第三階段：5 歲的孩子觀察的持續時間有所提高。

* 第四階段：6 歲的孩子不僅能堅持長時間的觀察，還可以合理有效地分解任務。

　　我們初步認識了觀察力的發展階段，那麼觀察力究竟有什麼用呢？

◆ 觀察力是思考的基礎

　　理論的提出，離不開觀察經驗的累積；理論的修改，離不開少數幾個反例的發現；理論的更替，離不開與理論相違背的事例發現。如青黴素的發現就離不開科學家卓越的觀察力。這個發現過程可謂曲折，弗萊明（Alexander Fleming）為了撰寫關於葡萄球菌的論文，而在實驗室內培養大量的金黃色葡萄球菌，可是卻不慎丟入了一個黴菌孢子。這在類似的研究中還是很常見的，但他並沒有像他人一樣將其移除，而是憑藉卓越的觀察力發現黴菌周圍沒有細菌滋長。於是，弗萊明將這一塊被汙染的東西進行培養，發現它釋放的物質可以殺死許多病菌，並給它取名為「青黴素」。這一發現不僅幫助人們延長了壽命，還為一些疑難雜症的治癒找到了新思路。為此我們看到，人們需要透過經驗、資料的收集與觀察才能得出有價值的理論。

◆ 觀察力激發人們的探索欲

　　孩子「看到」新奇的事物才會激發強烈的好奇心，繼而主動向長輩提問，讓思維活躍起來。我們在日常觀察中可以發現，探索周圍的環境幾乎是孩子的天性。孩子從出生開始，面對陌生和新奇的世界，主動探索和認知未知的事物不僅是他們適應生活的一種手段，也是成長中不可或缺的一環。家裡有 2 歲左右孩子的父母最討厭聽到的就是「為什

麼」、「這是什麼」、「這個是什麼意思」這些話，好像一打開門除了聽到孩子稚嫩的笑聲，還會感受到空氣中彌漫著「？」的「氣味」。不少父母常常會感到厭煩，但是我們要清楚地看到，孩子的好奇心背後一定離不開卓越的觀察力。

◆ 觀察力有助於幸福感的塑造

如果孩子去朋友家做客，看見別人家豪華的裝潢和堆積如山的玩具，心裡多多少少會羨慕吧？如果孩子有極佳的觀察力，就會發現自己的父母在別人家裡拘謹且不適應的表現，別人家的冰箱裡不會有自己喜愛的零食和飲料，於是就意識到還是自己家最好了。觀察自己擁有了什麼，這會幫助我們覺察到眼前人的可貴，令我們意識到「珍惜眼前，珍惜當下」這句話的重要，還可以提升我們在日常小事中捕獲幸福感的能力。

一、觀察力培養目標

培養孩子的觀察力不能泛泛而談，我們需要有針對性地安排觀察力的培養目標。

（一）觀察的目的性

觀察的目的性是觀察力發展的核心。在日常生活中培養孩子觀察力時，我們需要逐漸教育孩子在面對觀察對象時

清楚注意力應該集中在哪，在觀察過程中需要尋找什麼關鍵點。隨著年齡的增長，孩子從一開始被動地聽指令完成任務，發展到用語言組織自己的想法 ──「下一步應該怎麼做呢？」最終孩子能夠利用內部語言來支配思考活動以完成任務。例如：在對鳥類進行觀察時，我們需要注意牠們的體型、翅形和尾形，甚至還有鳥喙的形狀。像麻雀這類以穀物為主要食物的鳥類，喙形多為圓錐形。

（二）觀察的精確性

我們要求孩子根據觀察目的，提高對觀察對象細節部分觀察的精準程度。但因為學齡前孩子的感官發育有限，注意力無法長時間集中，認知發育受限，他們會更多地關注事物輪廓而不深入提煉結論。隨著年齡的增長，孩子觀察的準確性會逐漸提高。

（三）觀察的穩定性

我們希望孩子在觀察過程中能夠具備長久且穩定的觀察體驗。這其實與孩子的注意力有很大的關聯。3 ～ 6 歲的孩子容易被新奇刺激所吸引，導致其注意力無法長時間停留在一個刺激對象上，這可以聯想到當我們對孩子大喊一句「哇！那裡有飛機」時，孩子想都不想地就把頭轉過去了。隨著孩子年齡的增長，他們的注意力穩定性逐漸增長。除此

之外，幼兒之間注意力穩定性程度的男女差異得以縮小。為了提升孩子的注意力穩定性，我們可以透過減少外界刺激的介入來排除外界干擾。

（四）觀察的邏輯性

觀察的邏輯性是指透過事物的表象發現實質的能力，這包括發現不同事物間的區別與連繫，相似事物間的關係，總結事物間的相似點等。這對於還處於前運算階段的 0～6 歲孩子來說還是比較困難的，只能根據自己的認知方式形成發現觀察對象實質的邏輯。當然了，隨著年齡的增長，我們也會發現孩子的概括總結能力有所提高。

二、如何培養孩子觀察力的發展

我們之前說過，探索陌生世界、認知未知事物都是孩子的天性。他們是如此渴望去滿足自己的好奇心，是如此勇敢去觸碰一切未知的世界。但很多父母因為擔心孩子的安全，開始變得急躁、生氣，之後便開始阻撓孩子的進一步行動。這種方式其實會限制好奇心的發展，還會打擊孩子的積極性。

父母要明白養育孩子的過程，是順應孩子天性、讓孩子當主角的過程。在這個基礎上，為孩子打造一個安全可控的

環境，一個可以自由自在探索的環境。我們可以創設一些情景來改善孩子對熱水的畏懼心理，比如：灑一點熱水到孩子的手上讓孩子對「燙」有主觀認知，或者父母運用誇張的身體動作對熱水進行反應，讓孩子獲得替代性經驗。

對於剛剛出生的孩子，他們的動作主要由生理反射所決定，他們常常會做出吮吸小手、嘟嘴巴等動作。到 4 個月時，孩子無論是在器官還是在肢體方面都有所發展，任何在他們視野範圍內的事物都成了他們的探索目標。1 ～ 2 歲是孩子感官快速發展的時期，這個階段也需要足夠的刺激來滿足感官的發育需求。父母可以藉助朗朗上口的歌謠來提高孩子對聽覺的敏感性，還能促進語言的發展。孩子還會透過拿、捏來操作和感受物體，豐富的觸覺體驗和視覺體驗能讓孩子對周圍世界有更多的體驗與認知，比如：會沉迷於開燈、關燈這樣的行為。

面對 2 ～ 4 歲的孩子，父母要做的就是發現孩子的探索行為並對此進行鼓勵。具體來說，父母可以與孩子一起做飯，鼓勵孩子在這個過程中按自己的想法去操作。有時孩子因行為不當導致「好心辦壞事」 —— 想要孩子幫忙拿水果卻不小心摔壞了，那為什麼不和孩子一起直接把水果做成果醬呢？ 4 ～ 6 歲的孩子開始逐漸好奇和探究事物背後的奧祕了。在這個階段，父母不僅需要誘導孩子對周圍環境產生興

趣，還需要透過耐心解答的方式來回應孩子的好奇心。在這個階段，父母面對的更多都是「大海為什麼是藍的」、「花為什麼有香氣」這類問題。對此，父母的回答最好能考慮到孩子所處的年齡層以及認知特點，從孩子的視角來解答問題。

關於提問方式，父母要做的是採取開放式提問，讓孩子自行尋找答案。如果孩子對楓葉感興趣，那在秋天帶孩子去看看楓葉，讓孩子自己尋找出楓葉和其他樹葉有什麼不同，而不是直接提問孩子一些只能以「是」或「否」回應的問題。父母有沒有想過讓孩子成為一個小小科學家去探究問題呢？其實，父母可以指導孩子用眼、鼻等感官配合使用放大鏡、望遠鏡等各種簡單的工具來觀察周圍的事物，包括小動物、小植物等的外形特徵、生長規律。倘若孩子的確發現了一些科學結論，父母的鼓勵和誇獎肯定會讓他們感到更開心。小小的成就感會激發孩子以後更強烈的探索欲。

父母為孩子提供一種即時回應的環境也是很重要的，這要求父母必須及時以適當的方式對孩子發出的聲音、做出的動作做出回應。當孩子哭鬧時，要及時給予關注，了解孩子有什麼需求。當孩子有所疑問時，鼓勵孩子說出自己的困惑。父母還可以有意地安排刺激物，激發孩子的探索欲。盡量為孩子創造親身體驗的機會，時常帶孩子去旅遊，多多接近大自然，引導孩子觀察自然現象。

第四節
動作：充分鍛鍊粗大動作和精細動作

　　當孩子剛剛到這個熟悉又陌生的世界時，一切對於他而言都是未知的。孩子會用肉乎乎的小手去觸摸所有令他感到好奇的事物。有時，也會用攻擊性行為來展示自己的需求，表達自己的情緒。了解孩子的動作發展，探討孩子行為背後的原因，可以幫助孩子健康成長。孩子動作發展遵循以下幾個原則：

◆ 首尾原則

　　首尾原則是指孩子動作發展的順序是先頭部，再到上肢，最後到下肢。比如：剛剛出生的孩子看見媽媽或者其他人朝他微笑時，也會跟著一起咧嘴笑。等再過些時日，我們就會發現在相同的情況下，孩子會以手舞足蹈的方式表達他的喜悅。

◆ 遠近原則

　　遠近原則是從另外一個角度來介紹孩子動作發展順序。以孩子的身體中部為軸線，靠近頭和軀幹的雙臂與腿部優先發展動作技能，再到手指、腳趾這些部位的精細發展動作技能。比如：剛剛出生的孩子在大多數情況下保持著雙手握拳的姿勢，隨後才發展出可以獨立抓握玩具和奶瓶的動作技能。

◆ 大小原則

　　大小原則認為孩子的動作發展應該先從比較粗大的大肌肉開始，再發展為以小肌肉為主的精細動作。換句話說，孩子的動作發展應該是先整體再細節。一般來說，孩子爬行動作的發展要比靈活用手抓取物體的動作來得快。

◆ 無有原則

　　孩子在剛出生時的動作主要以無意識為主，比如：進食時的「吮吸」動作，緊握雙拳時的「抓握」動作。到了後期，就會逐漸發展為以滿足自己需求為目的、尋求自己感興趣的事物的有意識動作。比如：在 4 個月大時孩子就會抬起頭尋找玩具。

一、粗大動作

　　粗大動作是人類的一項基本能力，在人類的演化過程中發揮著極為重要的作用，會爬、會跑使我們抵禦危險，會跳使我們開闊視野。但在這裡，我們主要介紹和孩子關係最為密切的爬行動作。爬行是孩子最早出現的自主位移動作，它的發展有一定的順序性：早期表現為以腹部著地的匍匐爬行，如翻身；此後發展為腹部懸空的手膝爬行，也就是我們通常所說的爬行；再逐漸發展出溜滑梯、爬樓梯、爬管道等靈活的爬行動作。那麼，影響孩子爬行動作發展的因素是什麼呢？

（一）影響因素

1. 個體因素

◆ 體重

　　肥胖的孩子學會爬行動作會比瘦弱的孩子晚一點，而且學得更慢。可能是因為體重過重對孩子膝蓋的壓力也比較大，手臂力量還不足以支撐軀體重量，爬行動作的發展因此受到一定的阻礙。

◆ 肢體力量

　　孩子的爬行主要還是依靠手臂來推動身體前進，需要足夠強的手臂力量以克服身體與地面之間的摩擦和整體軀幹的

重量；腿部力量可以用來支撐身體，保障爬行的順利進行。其實孩子在爬行動作的發展過程中因肌肉力量不足會面臨四肢不協調的困難，在這時，父母可以抓住孩子的手臂或小腿輔助其爬行。

◆ 個體動機

孩子從匍匐爬行會發展到手膝爬行，其原因在於後者帶來的不適感會減弱。地面太冰、太軟或太硬，孩子穿的衣服太厚，地毯表面摩擦力太強等情況都會增加孩子的爬行阻礙，削弱孩子爬行的興趣，甚至影響孩子爬行動作的正常發展。父母可適當創設爬行環境，比起直接給予食物，間隔一定的距離提供食物會增加孩子爬行的樂趣。

2. 環境因素

◆ 物質環境

家庭提供較為廣闊的空間、安全的器具設施，都有助於孩子爬行動作的順利發展。這裡尤其需要注意保障孩子在爬行時的安全，諸如桌角、椅子角、插座這類可能會傷害孩子的物品要提前預防。比如：在廚房門前加一個護欄，在插座上安裝一個防護蓋。

◆ 心理環境

　　父母對孩子教育的重視、對孩子爬行的鼓勵，比如：父母在孩子成功爬行後發自內心的歡呼等，都有利於孩子發展爬行動作。

　　那麼如何有效發展孩子的爬行動作呢？我們可以充分利用家庭中的現有資源，或者把戶內、戶外環境相結合。在家裡，我們可以利用床鋪、地板等資源。比如：我們可以用紙盒製造成形狀各異的山洞，把玩偶當作障礙物等。我們還可以在發展孩子爬行動作的同時加強親子紐帶關係，如父母可以做出彎腰、拱背等動作讓孩子模仿。

　　在外面，我們可以利用草地、娛樂設施等不同的材料。孩子在不同的材料上爬行，可以接觸更豐富的事物，促進感知經驗的累積。遊樂場內各式各樣的娛樂設施，如溜滑梯、鞦韆，不僅可以給予孩子足夠的刺激，還可以讓孩子在遊戲中充分提升各部分肌肉力量，發展精細動作。

（二）爬行動作的發展意義

1. 與智力發展相關聯

　　孩子爬行動作的發展真的與智商有關嗎？孩子不會爬是否意味著他的智力低於平均水準？

　　大腦的發育離不開爬行動作的幫助。孩子在 3 ～ 6 個月

大時是大腦神經系統的神經元增殖期，孩子在 6 ～ 7 個月大時是大腦發育的旺盛期，此後一直延續至滿週歲，這一時期是大腦發育的黃金時期。

爬行過程中接觸到的各種刺激物可以很好地滿足大腦的發育需求。孩子爬行時手腳並用，左右肢體一上一下交替發揮作用，整個大腦將會透過腦橋交叉活動起來，大腦皮層的運動中樞也可以被刺激到，這些都可以促進大腦的生長，使孩子的大腦得到健康發育。爬行時，大小腦一起運動，能夠促進大小腦之間的神經連繫，有助於小腦發展平衡功能。

除此之外，研究還發現，孩子大肌肉動作的發展與認知能力的發展連繫緊密，而認知能力又是個體執行動作的基礎。隨著孩子認知水準的提高，其分析、判斷、推理、思維等各方面的能力同時得以發展。有研究發現，會爬的孩子比不會爬的孩子在迂迴行為上表現得更出色。迂迴行為是指個體在面臨空間障礙時，會選擇間接法而不是直接法來完成目標。一種典型的迂迴行為就是孩子在試圖得到想要的東西時，會主動繞過障礙物。

另外，孩子還會發展出物體恆存（object permanence）這一特徵。所謂物體恆存，是指主體對客體存在與否的認知不依賴於直接感知，而形成了有關客體存在的穩定內部認知。物體恆存是孩子發展認知與情緒的基礎，也是嬰幼兒期

心理發展的最重要的成就之一。並且隨著爬行的熟練，孩子看和聽的範圍增大，獲得大量的經驗資訊，感知能力和認知能力得以發展。

　　孩子動作的發展是支撐孩子探索世界的基礎，在玩玩具、與人交流的過程中，孩子可以感受動態和靜態的世界。品味美食時，不同食物的味道刺激著他們的味蕾，使他們找到自己更偏愛的食物與味道。當幾種美味不可兼得時，學會選擇也是孩子成長的課題，這不僅可以促進他們思考，更可以鍛鍊孩子延遲滿足感（後面的文章會提到）的能力。因此，增加外部環境的刺激是促進孩子動作與智力發展必不可少的重要因素。

　　在爬行過程中，孩子會不斷碰到新奇的事物，父母的解釋、提示、指引和孩子的詢問都會促進孩子語言能力的進步。在這個過程中，孩子會不斷用肢體回覆父母的語言，他們的語言理解和肢體語言理解運用得越來越準確、越來越合理。我們可以發現，不會爬行的孩子的語言發展明顯要慢得多。

　　綜上所述，孩子的爬行動作會促進大腦發育、認知水準、語言能力的發展。

2. 促進心理健康發展

　　爬行動作的正常發展是孩子神經系統發育良好的重要象徵，也可以為未來的直立行走奠定基礎。另外，在爬行的過

程中，孩子的四肢可以接觸更多的範圍，有利於他們探索周圍的世界，增加機體與外界的互動，促進認知能力的發展。伴隨爬行的抬頭動作也可以極大地鍛鍊孩子的頸部發聲器官，促進以後語言表達能力的發展。同時，爬行能讓孩子最大限度地發揮自己的主動性，不受任何環境的束縛，在這一過程中孩子還可以增強對環境的掌控力和自信心，並能在克服障礙物的過程中歷練心智，為未來的社會活動奠定生理基礎。

（三）正確培養爬行動作

爬行動作發展的重要意義在上文已經闡明了，它不僅可以開拓孩子的視野和活動範圍，使資訊採集的範圍得到擴大，還可以很好地協調四肢和活躍思維。

那麼父母應該怎樣培養孩子的爬行動作呢？

首先，父母要讓孩子自覺、主動爬行。切勿以為單一的口令「爬」就可以讓孩子完成爬行動作。這不僅會削弱孩子對爬行動作本身的興趣，而且孩子不積極的回應也會降低父母的教學熱情。正確做法是把被動轉變為主動，讓孩子透過「爬」這個動作，來收集資訊，完成身心協調。

其次，我們在上文介紹爬行動作的影響因素時也說過，物質環境會影響孩子爬行的積極性。我們要準備適合孩子爬行的衣服，比如：盡量寬鬆、舒適、柔軟的衣服，以避免劃

傷皮膚。鋪上地毯防止因地板過冰或過硬導致爬行環境不舒適。還可以放置一塊地板革，以降低爬行時的阻力，使孩子的爬行動作完成得更順暢。

最後，父母可以巧妙地開展一些爬行啟蒙遊戲。單一的爬行會令孩子感到無聊，父母何不採取一些有意思的啟蒙遊戲，讓孩子深深地喜歡上爬行動作呢？比如：把孩子喜歡的玩具放在他身體不遠處，這時孩子需要轉變為俯臥位去拿玩具。而俯臥位是爬行的前奏，相當於爬行動作的預備動作，學好它有利於孩子順利發展爬行動作。還可以藉助孩子超強的模仿能力，安排其與同齡的孩子一起練習爬行，或運用孩子喜歡的玩具來吸引孩子的注意力。其實我們不僅可以運用色彩鮮豔的玩具，還可以運用聲響來吸引孩子。

二、精細動作

介紹完了以爬行動作為主的粗大動作，我們再來看一下什麼是精細動作。精細動作主要是指運用手指和手掌，並藉助手臂和手腕而完成的動作。隨著孩子年齡的增長，周圍環境也開始變得複雜。孩子從出生開始手部動作的不順暢，發展到用手的大把抓，再到大拇指和其他四指的抓握，隨後慢慢發展為拇指和食指的合作抓捏，最後實現了手眼動作的協調。我們在這裡主要介紹手勢動作和抓握動作。

（一）手勢動作

說明性身勢是孩子透過身體姿勢來表達自己意識和想法的行為，包括頭部運動、肢體運動和手部運動。在 1 歲半以前，孩子的身勢比較簡單，只能透過搖頭、哭泣表示拒絕，點頭、擁抱表示接受。1 歲半到 3 歲左右，孩子的說明性身勢與語言功能同時發展，但依然主要靠身勢來傳遞資訊，語言只是輔助作用，比如：他們會透過擺手表達拒絕或者再見。到 3 歲以後，由於孩子語言水準飛速發展，語言的地位發生了變化，逐漸取代說明性身勢，成為表達資訊的主要工具。

隨著外在環境對手的動作提出了更高的要求，這時孩子的手勢動作具有了新的意義。有研究人員對 11 個月大的孩子進行研究發現，手勢動作可以促進孩子早期語言的發展。

無論是在我們的日常觀察中還是在科學研究中，孩子在數數時大多會藉助手勢。這主要是因為手勢在數數這個過程中具有 3 種功能。

1. 作為過渡期的工具

孩子早期會存在語言和手勢對應出錯的問題，例如：孩子說的是「2」卻伸出了 3 根手指。語言和手勢的不匹配說明了孩子正處於對數的理解的過渡期。手勢可以告訴我們孩子正處於的知識狀態，幫助我們採取更合適的教育方法。

2. 作為外部表徵

「數」的概念對孩子來說是抽象的、無法真正理解的，而手勢恰好可以作為數的外部表徵，有助於將抽象的數字與具體事物連繫起來，促進「數」的概念的內化。比如：「2」是什麼，我們可以告訴孩子當你伸出兩根手指時就代表了「2」。

3. 促進認知發展

手勢直觀的形式可以直接把其概念不加限制地表達出來。我們在溝通時，也可以藉助手勢來表達觀點。因此，手勢可以減少孩子的認知負擔，促進認知的發展水準。

（二）抓握動作

孩子在出生的 2 個月內，小手會保持一種「握拳」的姿勢，但是當你用手輕輕觸碰孩子的手時，他就會張開小手緊緊握住你的手。雖然這令不少初為父母的父母感動，但這種抓握能力僅僅是出於孩子的本能而已。等到 3 個月後，孩子就會表現出一些比較簡單的抓握動作了，比如：想要抓玩具可是因距離的原因抓不到，就透過抓衣角的動作來表達不捨等。孩子在這個階段逐步學會了拇指與其餘四指配合的抓握動作，這是人類操作物體的典型方式，然後才發展到同時使用 4 根手指和拇指。

到了 4 個月，孩子的眼和手逐漸發育，能夠形成視覺和觸覺的協調運動，比如：一雙手在眼的幫助下可以開始擺弄物體，然後會用各種方式來玩弄物體。孩子就常常透過抓握來表現出對周圍一切事物的興趣，比如：有些孩子無論抓到什麼都要放進自己嘴巴裡嘗嘗。之後，孩子的抓握能力得到進一步發展，可以更靈活地抓取食物，如握筆等。

　　抓握動作可以使物體的許多物理屬性，如溫度、硬度等，透過手的皮膚這樣一個感覺器官傳遞給大腦。在抓握東西的過程中，孩子能迅速找準知覺對象，而把其他事物知覺作為背景。這可以幫助孩子順利從個別刺激的感覺過渡到對一個物體的整體知覺中，從而發展知覺的選擇性。而且在這個過程中，透過對距離的掌控判斷自己能否成功抓握物體，能夠幫助他們更好地感受近距離空間，發展空間知覺。

　　抓握動作不僅有利於感知覺的發展，在孩子的心理健康方面也發揮著重要作用。在擺弄物體的過程中，如果孩子發現某一種動作可以反覆引發相同的結果，他們就會將兩者結合起來，並且在實施動作之前就能預見相應的結果。不僅如此，孩子還可以主動地實施動作，形成主動的意志行為。在這個過程中，孩子能感受到自己是實實在在、自我控制的客體，能逐漸產生主體感和自我意識，並且會因為自己對結果的控制能力而產生自信心和價值感。抓握動作還可以傳遞資

訊，比如：孩子會透過緊緊抓住某個物體這一動作來表達這是自己的東西，不可以被別人拿去。

三、體適能訓練

何謂體適能？體適能是指身體能夠適應外界環境（包括生活、工作、運動與環境）的綜合能力。體適能水準高的個體有更強的應變能力和行動能力，並且不容易產生有心無力或不適應的感覺。

從越來越多的健身館都在開展體適能訓練活動可以看出，體適能已經越來越被人們所重視。體適能這個概念雖然沒有具體針對某個年齡階段，但可能並不適用於孩子，我們不能要求孩子練出健碩的腹肌，或者要求孩子培養肌耐力，為此越來越多的運動訓練專家開始推崇「孩子體適能」的概念。

孩子體適能，是基於孩子生長與發展需要的相關心理學理論（認知、語言、生理、情感與社交），並依據孩子運動能力的發展規律而開設的一系列教學和訓練活動。孩子在沒有良好運動基礎的情況下，如果長期進行單一的專項運動，如芭蕾、跆拳道等，容易打破發育平衡，並且孩子因缺乏肌肉力量難以做到標準的動作，容易造成腳踝受傷等，甚至造成不可逆的運動傷害，影響發育中的骨骼生長。體適能強調

發展孩子各個方面的能力，比如：訓練孩子的肌肉力量、協調性、語言能力等，以打造良好的身體素養，培養跨越多學科的能力。

　　具體來說，3～5歲的孩子骨骼比較脆弱，因此進行體適能訓練時可以培養基礎動作模式，這包括粗大動作技能（走路、跑步等）訓練、精細動作模式（彎腰、抓舉等）練習和平衡、協調、力量訓練。6～10歲的孩子因為骨骼發育還不成熟，我們可以先培養他們的基礎動作技能，包括柔韌力、肌力、肌耐力和速度、靈敏度、爆發力。10歲以後，孩子的骨骼已經發育成熟，肌肉力量也得到一定程度的發展，因此可以讓孩子在興趣基礎上自由選擇專項運動，讓他成為「小運動員」。

第五節
認生：這是天性，不是缺陷

　　認生是指孩子只要碰到新面孔，就會大哭大鬧，無法忍受陌生人的親近和擁抱。這一「認生期」的到來可能有早有晚，有些孩子甚至在一覺醒來後就從「熱情」變為「認生」。認生期到來的早晚有以下幾種原因：

　　①氣質類型。氣質是表現在心理活動的強度、速度、靈活性與指向性等方面的一種穩定的心理特徵。氣質是一種天生的、為人們言行增添色彩的個性心理特徵。氣質因受神經系統活動特性所制約而無所謂好壞、對錯。我們可以從人們日常生活中的舉止行為、待人接物、生活方式裡的種種表現看出一個人具有何種氣質類型。比如：有些孩子一出生就愛哭、愛鬧，展現出的是多血質這一氣質類型，而有些孩子天生敏感愛哭，展現出的是黏液質這一氣質類型。

　　②孩子對周圍人和事物的觀察、記憶、理解存在差異。

　　③孩子的成長環境。在父母強行逼迫孩子和生人相見並沒有給予一定情感上的關懷時，孩子就更容易認生。

一、陌生人焦慮

面對親朋好友熱情的擁抱和問候，不少孩子不但缺少熱情的回應，反而會哇哇大哭。不少父母在面對這種情況時往往歸咎於自己的孩子「膽子小」、「害羞」，但這其實就是我們上文所說的每個孩子都會經歷的階段──認生期。在這個階段有一個很重要的表現，在心理學中我們稱為「陌生人焦慮」（stranger anxiety）。

那麼什麼是陌生人焦慮呢？心理學界有個一致的看法，就是指當孩子面對的是陌生人時，會表現出諸如恐懼和戒備這類不安的反應，而當面對的是熟悉的撫養者時，孩子則會以微笑來展示開心這類積極的情緒。比如：面對陌生人的到來，孩子的眼睛會緊張地在媽媽和陌生人間打轉，如果媽媽離去，獨自留下孩子與陌生人相處，孩子便會哇哇大哭。一般在 6 ～ 12 個月大的孩子身上就開始出現了陌生人焦慮，其中 8 ～ 10 個月大的孩子陌生人焦慮現象表現得尤為突出。一般來說，1 歲以後這類認生導致的問題便漸漸消失，但若 2 歲、3 歲，甚至 4 歲的孩子身上仍然出現這類現象，父母就需要多多注意了。

為什麼在孩子身上會出現陌生人焦慮這類現象呢？有些學者認為，這主要源於本能。我們的祖先在面對陌生、不熟

悉的事物時，第一想法就是選擇逃避，這已經演變成一種生物程序化的自發反應。孩子由於記憶和思維的限制，區分誰才是真正的陌生人對於他們有困難，因而在面對「陌生」時孩子會用「哭泣」來表達內心的逃避。

陌生人焦慮可以當作孩子成長過程的里程碑，代表著孩子已經發展出一定的辨識危險的社會化技能。還有一類觀點認為，孩子已經在腦海中形成了媽媽的表象，而把陌生人和媽媽的表象一經對比，就可以敏銳地察覺出陌生人。孩子所處的認知水準使他們難以解釋「面前這個人是誰」，由此導致對環境控制不足和事件發展預測不明的情況，在這種無法控制的不安全感下，焦慮情緒很容易產生。

二、怎麼幫助孩子度過認生期

一些父母認為孩子的認生表現是對自己教育的否定，意味著自己權威掃地。於是，父母往往會採取強硬的方式強迫孩子與陌生人溝通見面。長此以往，這種方式並不利於孩子安全感的建立。那麼父母應該怎麼做才能幫助孩子順利度過認生期呢？從撫養者的角度來說，要循序漸進地帶領孩子適應與陌生人相處的這一過程。

首先，父母要在一開始告訴孩子家裡即將來一位客人。不僅需要介紹來訪者的相貌、身形等特徵，還需要介紹陌生

人將從哪個方向而來，讓孩子形成一定的預判。

其次，父母最好能一直陪伴在孩子身邊。父母應鼓勵孩子，告訴他：「媽媽一直在，會陪著你的，別怕。」透過這樣的言語交流來給孩子營造一種心理上的安全感，這就為孩子勇敢邁出新世界大門的第一步奠定了基礎。

最後，我們要了解到孩子具備超強的觀察能力，若父母在與陌生人的相處中以微笑待人，並伴隨一些「拍肩」、「握手」的親密動作，那麼孩子便會意識到該客人與父母的關係是友好的。慢慢地，孩子心中對他人的陌生感逐漸減弱，焦慮也有所緩解。

父母也可以多帶孩子參加戶外的集體活動。在戶外活動中，孩子不僅自信水準得到發展，也可以在遊戲過程中提高主人翁意識。比如：在露營活動中放鬆身心躺在鬆軟的草地上，看著璀璨的星空，緩解各種各樣的焦慮。露營活動帶來的好處有以下幾點：

* 接觸戶外。鋼筋水泥和電子螢幕打造的世界切斷了綠色大自然與孩子的聯結。露營活動不僅可以讓孩子有機會了解知了、蝴蝶、蜻蜓、壁虎和螢火蟲等昆蟲，還可以親身體驗昆蟲帶來的神奇觸感。呼吸清新的空氣，觀賞浩瀚的星空，露營活動可以帶孩子充分體會大自然的美好。

* 鍛鍊動手能力。透過閱讀說明書搭起帳篷這個過程，可以充分鍛鍊孩子的動手能力，讓孩子親身體會書本的知識如何運用於實踐。

* 親子談心。父母在繁忙的工作壓力下，已經極少與孩子有親密溝通的機會。父母平時為生計奔波，孩子為學業和成長而努力。露營活動恰好提供了這樣的機會，讓父母能與孩子在野外溝通交流，了解彼此最真實的想法。

從「陌生人」的角度來說，孩子心中的「陌生人」和我們通常所說的「陌生人」並不是相同的概念。所以「陌生人」要對孩子的拒絕行為有恰當的回應。比如：保持適當的距離，不要一開始就和孩子親密地摟摟抱抱，最好等孩子和自己慢慢熟絡後再接近孩子。再比如：「陌生人」在接近孩子時最好面帶微笑。孩子看見他人微笑的面容也能放鬆對他人的警惕。

第二章

思維的培養：好奇寶寶上線

第一節
認知思維：我會觀察，我會懂

　　守恆實驗是皮亞傑（Jean Piaget）探討孩子思維特點的一系列經典實驗。從這些實驗中，皮亞傑得出結論：孩子思維受直接知覺的影響，以直接、片面的方式認知事物。皮亞傑的守恆實驗包括數量守恆實驗、質量守恆實驗和液體守恆實驗。在這裡簡單地給大家介紹下液體守恆實驗：

　　向兒童展示兩個一模一樣的玻璃杯，杯中倒入相同容量的液體，詢問兒童兩個玻璃杯的液體是否一樣多。在得到兒童的肯定回覆後，再將其中一個玻璃杯中的液體倒入另一個更細、更長的玻璃杯中。這時新玻璃杯中的液體顯得更高一些，再次詢問兒童兩個玻璃杯中的液體是否一樣多。結果發現，大多數 3 ～ 4 歲的兒童會回答細長玻璃杯中的液體更多一些；5 ～ 6 歲的兒童會表現得比較猶豫，似乎注意到玻璃杯中的液體含量是一樣的，但是確信兩個玻璃杯的液體含量一樣的兒童並不多；8 歲以上的兒童都能正確作答。

　　從這個實驗我們可以看出，孩子的思維是逐漸發展的，具體來說，孩子的思維會從直觀的具體形象思維——「誰高誰就多」，向抽象思維——「考慮高度、寬度各個方面」轉變，與孩子的相處過程中，我們也可以發現他們會難以理解抽象的東西。

　　因此，我們需要根據孩子特定年齡階段對應的知覺特點來向他們介紹概念，這樣才能有效達到親子溝通的目的。

一、認知發展階段

　　皮亞傑將兒童的認知發展劃分為 4 個階段，分別是感知運動階段、前運算階段、具體運算階段和形式運算階段。

（一）感知運動階段（0～2歲）

　　孩子在這個階段透過動作來逐漸認知並熟悉周圍世界。新生兒可以在先天的反射動作基礎上，逐步與環境相協調以學習一些新的行為。像新生兒吮吸媽媽乳頭的動作就是先天反射動作，可以同化到吮吸奶瓶上。在這個階段，孩子從一開始本能的反射動作發展到個別反射動作的系統整合，並出於一定目的實施動作，動作目的和動作手段的區分進一步加強，學會從偶然事件中總結經驗，最後能夠獨立想出解決問題的方法。孩子會用肢體去觸碰外部世界，體驗並熟悉像

「燙」、「辣」、「痛」這樣的感覺。在這個階段，父母應在確保安全的前提下鼓勵孩子勇於探索。

也是在這個階段，孩子逐漸形成物體恆存的概念。物體恆存是指個體在無法感知物體存在時卻仍然相信物體的存在。但在 0 ～ 9 個月大的孩子心中，如果某個面前的物體突然離開了他們的視線，他們可能會在最後見到這個物體的地方隨意尋找下，如果找不到，他們也不會往心裡去，畢竟在他們心裡這個物體「消失」了。這也是為什麼這個年齡階段的孩子會這麼沉迷於「躲貓貓」的遊戲，畢竟看不見的物體忽然出現對缺乏物體恆存概念的孩子而言就像魔術一般神奇。

隨著年齡的增長，孩子的物體恆存得到進一步的發展，他們不僅會在最後一次見到物體的地方搜索，還會在疑似藏匿物體的地方搜索，最後慢慢培養出在腦海中預估物體移動路徑的能力。在物體恆存的發展過程中，孩子的空間知覺和時間知覺也得到了發展，這是因為在孩子尋找物體行蹤時，需要藉助空間上的定位和時間上的連續性。

（二）前運算階段（2 ～ 7 歲）

孩子在 2 ～ 7 歲認知所處的前運算階段主要是指孩子透過語言、模仿、想像、符號遊戲和符號繪畫來抽象概括所經歷過的事物、所看到的物體。比如：當這個階段的孩子看見

有羽毛、會飛的動物會脫口而出「鳥」。他們開始逐步脫離具體化的外界事物，開始在腦海中形成概括化的、具體的、靜態的表象。

除了上述，這個階段的孩子在認知上具備的一個特徵是「泛靈論」，也就是說，此時的孩子認為外界的一切事物都具有生命。如果不小心踩到了小草，這個階段的孩子會認為「小草會痛的」、「小草會哭哭的」。父母需要做的不是一味地制止孩子這類「泛靈論」的表達，而是透過適當的方式讓「泛靈論」發揮最大的教育作用。比如：有些孩子不喜歡刷牙，那麼父母可以模仿動畫人物的語氣假裝成孩子嘴巴內的牙齒，和孩子說：「親愛的小主人，你可以幫助我變得乾淨嗎？」「謝謝小主人，我變得好乾淨呀！」藉助孩子這個年齡階段的思維特點，幫助孩子養成愛刷牙的好習慣。

皮亞傑有一個經典的實驗叫做三山實驗。他在桌子中央擺放了一個由三座高低、大小不同的假山組成的模型，研究人員引導孩子繞著假山模型環繞四周。在這個過程中，孩子不僅能看到呈現在自己面前的湖泊和森林模型，還可以看到對面山附近的小動物模型，後者呈現在玩偶面前。結束這個過程後，研究人員請孩子說出玩偶可以看到什麼，結果發現孩子只能回答出自己看到的物體，無法從玩偶的視角來回答問題。

透過這個實驗，皮亞傑得出一個很重要的結論：這一階段的孩子具有「以自我為中心」的特點。以自我為中心的具體表現是認為別人看到的、聽到的、感知到的任何事物都和自己的一致。在此時的孩子心中，「我」是世界的主角，世界因「我」而存在。這種認知上的特點還會表現在孩子的語言上，皮亞傑把這稱為「集體性獨白」。看似在一起激烈討論的孩子，很有可能是各說各話，只是興高采烈地講述自己在做什麼、將要做什麼，相互之間談論的內容沒有任何一點交集。在這個階段，我們可以站在他的角度與之溝通。比如：孩子在沉迷玩玩偶的過程中，比起直接的「別玩了」，換成「盒子媽媽在等它的寶貝回家哦，小英雄可以把它送回家嗎？」效果會更好。

我們應該如何教育這個階段的孩子呢？面對聽不懂道理的孩子，言傳身教或許是最好的方式。

根據班度拉（Albert Bandura）的社會學習理論，孩子透過觀察周圍人的行為及其獲得的結果來完成行為的習得。班度拉又提出了 3 種強化方式，來加固刺激和行為的聯結：

* 直接強化。行為個體在做出某種行為後直接受到獎勵或懲罰。
* 替代強化。行為個體觀察到類似的人實施某類行為後所受到的獎勵和懲罰來決定自己應採取何種行為。

＊自我強化。孩子根據社會道德標準和相關的行為規範來
對自己的行為進行一定的強化。

面對這一年齡階段孩子的錯誤行為，我們要合理運用替
代強化，如卡通人物在做了某種行為後受到相應的懲罰，父
母也應該在日常生活中避免這種行為發生。我們還需要正確
看待懲罰，有些孩子搗蛋、不聽話只是為了吸引你的注意
力，如果你選擇了懲罰，那麼在孩子看來這類行為就順利獲
得了強化。綜上所述，面對這一年齡階段的孩子，我們要做
的是強化其正確行為，從而塑造孩子的良好行為習慣。

（三）具體運算階段（7 ～ 12 歲）

向處於具體運算階段的兒童提出這樣的問題：「假定 A
＞ B，B ＞ C，問 A 與 C 哪個大？」他們可能難以回答。若
換一種問法：「小張比小李高，小李又比小王高，問小張和
小王哪個高？」他們可以正確回答。因為在後一種情形下，
兒童可以藉助具體表象進行推理。此時的兒童思維正處於皮
亞傑所說的具體運算階段。他們可以開始藉助具體物體形成
的表象進行比較常見的邏輯思維和群集運算，但是這種運算
不能組合成一個完整的整體。就像剛剛舉的例子，此時的兒
童在解決問題時無法離開熟悉的場景和事物。該階段的兒童
隨著大腦結構的發育，他們的認知結構進行了一定的重組和

改善，具備了一定的守恆性。兒童在這個階段能清楚地意識到長度、體積、重量和面積的不變與守恆，學會如何從形態各異的變化中找到本質。

本階段的兒童在思維上已具備了可逆性。前運算階段的兒童在思維上還缺乏可逆性。可逆性是指個體在思考和運算過程中，能夠知道如何從某一步驟出發到達終點，也知道如何從某一步驟回到出發點。等到了具體運算階段後，兒童的思維逐漸具有可逆性。他們可以知道 A ＞ B，所以 B ＜ A，也就是說，他們可以回到問題的出發點來思考。

處於具體運算階段的兒童在思維上還有一個顯著的特點，那就是去集中化。所謂的思維集中化，是指個體無法靈活處理整體與部分的關係。比如：會認為「留長頭髮的一定是女孩」；相反，去集中化說的是個體能夠學會處理部分與整體的關係。比如：處於具體運算階段的兒童已經能夠理解女孩可以留長髮也可以留短頭髮。具體運算階段的兒童思維成熟的重要象徵是去集中化，這意味著他們可以進行一定的逆向或互換的邏輯推理。

（四）形式運算階段（12 歲以後）

形式運算階段是皮亞傑為兒童認知發展所劃分的最後一個階段，主要針對的是 12 歲以後的兒童。在這個階段，兒童可以在頭腦中將形式和內容分開，根據假設來進行邏輯推

演，並且不需要藉助具體事物。這一階段的一個關鍵特徵是可以脫離具體的事物，在頭腦中進行活靈活現的運算。

在關於推理預測事物的發展上，處於具體運算階段的兒童因為思維只能局限於具體的事物，因而難以對未來的事物發展進行推理。而等兒童進入了形式運算階段後，不僅可以考慮各種抽象事物，還可以同時對兩個及以上的變數進行思考。比如：當計劃明天和朋友的約會時，他們不僅可以考慮到交通，還會考慮到天氣等各種因素的影響。在分析別人行事的動機時，不再局限於權威人物制定的規則，還會從他人的角度來看待問題。

處於形式運算階段的兒童在解決問題的能力上也取得了根本上的提升。他們可以先透過觀察然後設定一個個假設，再控制其餘變數，透過經驗觀察來驗證假設是否成立。這種「假設－演繹」的推理能力是具體運算階段的兒童遠遠不能達到的。這在著名的鐘擺實驗中得到了驗證：

　　研究人員透過向兒童展示鐘擺擺動的過程（將擺繩的一端固定在一點上，將繫住重物的另一端擺繩提升至一定的高度再放下），並提供了不同長度的擺繩和不同重量的重物這樣的實驗器材。研究人員想讓兒童回答在重物的重量、擺繩被提起的高度、推動擺繩的力度和擺繩的長短這 4 個因素中，究竟哪一個才是決定鐘擺擺動速度快慢的因素。

處於形式運算階段前的兒童，在面對這個問題時，不是隨意地擺動、搖晃鐘擺，就是無法只變化一個因素而保證其餘 3 個因素不變。而只有形式運算階段的兒童才可以真正像科學家一樣採用控制變數法，先提出假設，再在頭腦中設定一個研究計畫來驗證假設的合理性。

隨著思維的發展，處於形式運算階段的兒童社會化水準也得到了很大的進步，他們開始意識到環境不同，自己的行為也會有不同的社會規範標準。比如：在老師面前，需要呈現一個愛讀書、懂禮貌的乖寶寶形象；而在同儕面前，呈現一個獨立、冷酷的形象能夠更為同儕所追捧。此時他們會有意識地表現出別人期望的形象，以期待自己被人們所喜愛和接納。

從整個思維發展趨勢來看，孩子認知發展階段的進程出現差異性，展現為以下兩點：

* 不同的孩子進入某一階段先於或晚於其他孩子，我們要理性看待皮亞傑關於年齡的表述是涵蓋了平均數的概念。

* 在不同學科方面的認知發展也存在差異。比如：孩子的形式運算思維會先在自然學科領域出現，在社會學科領域可能長期停留在具體運算思維。而且，同一個人的思維可能會受到問題類型和學科領域的影響，例如：已經達到了形式運算水準，卻還是有機會退回到具體運算水準。

結合孩子思維發展的特點，教學應適應孩子認知的發展，即以學生認知結構為出發點，依據學生現階段的理解能力來組織教材、調整內容進行教學。例如：對處於具體運算階段的孩子來說，他們的思維抽象水準提高，能夠透過思辨的方式如比較、分析等認知外界。

在學習概念時，可以直接把概念的關鍵屬性同他們原有的認知結構建立連接，從而獲得概念的正確意義，而不再是與處於前運算階段的孩子那樣藉助大量例子來理解某個概念的關鍵屬性。所以，國小階段老師往往藉助一些可以反映關鍵屬性的具體例子來幫助學生理解某個概念。比如：與其介紹鳥是一種有羽毛、有翅膀和會飛的動物，還不如給孩子直接看麻雀長什麼樣，會更適應孩子的思維方式。

當然，無論是老師授課還是父母輔導，我們的教學要能促進孩子的認知發展。例如：前運算階段的孩子其中一個特點就是分類概括能力很低，但分類訓練是一條很好的訓練途徑，現在許多幼稚園有分類訓練的遊戲，如連線遊戲等。蘇聯心理學家維高斯基（Lev Vygotsky）認為，我們的教學應在一定限度內提高學生的認知水準，為了達到這個目的，他提出至少要確定學生的兩種發展水準：第一種是學生獨立、自主便能達到的發展水準；第二種是藉助父母和老師的指導所能達到的發展水準，這兩種發展水準之間的差異被稱

為「最近發展區」。教學目標應該是不斷地縮小「最近發展區」，父母和老師需要透過合理的教學方式引導學生達到更高的發展水準，維高斯基因而提出「教學應當走在發展的前面」的說法。

二、創造性思維

創造力常常被認為是一種天生的本領，一種根植於遺傳的素養，或是一種性本能的昇華。創造力的核心是發散思維，而發散思維具有流暢性、變通性、新穎性等特點。流暢性反映思維的敏捷性，透過在指定時間內產生有效答案的個數來衡量；變通性反映思維的靈活性和開放性，透過在指定時間內產生答案的種類數量來衡量；新穎性反映思維的非常規性，透過在指定時間內產生新答案的多寡和程度來衡量。我們常常透過孩子能夠說出某物品用途的多寡來判斷其創造力的高低。

根據前人的研究結果，我們發現孩子已經有了初步、自發的創造性表現；進入嬰幼兒期，孩子的創造性思維以想像的成分為主，並伴隨著強烈而廣泛的好奇心，想像的細節也不斷增多。學齡前孩子的創造性思維發展的規律是：隨著年齡的增長而提高，只在 3 歲出現回落現象，3 歲之後會恢復上升趨勢，4 歲迅速發展，5 歲後發展緩慢。

　　創造力是父母重點關注的能力之一，但是關於創造力的
定義，心理學界一直存在爭議。難道我們僅僅因為一個人的
行為、成果有創造性就可以說明一個人擁有一種能力叫創造
力嗎？我們更應該把重點放在創造力是在哪種情景下產生、
受哪種認知因素的影響，或許這樣才更有利於創造力或創造
性思維的研究。因此，父母需要將重點放在培養孩子綜合能
力上，關注孩子在什麼情況下會爆發創造力，而不是僅局限
於所謂的「創造力訓練」活動，從而更順利地培養孩子的創
造性思維。

第二節
語言思維：我會模仿，我會說

　　孩子所有的第一次或許只是一瞬間，但是對生育孩子的父母而言，孩子的每個第一次都是無比珍貴的時刻。請問各位父母，還記得自家孩子第一次牙牙學語是在什麼時候？第一次叫爸爸或叫媽媽是在什麼時候？為什麼我們會對孩子的語言如此關注呢？語言的發展可以從側面證實孩子智力發展的水準，因為我們的思維離不開語言。

　　對年紀尚小的孩子而言，他們無法像成人一樣運用內部語言記錄思維的變化，而是更多地採用外部語言的方式來表達思維的變化。而且語言的發展可以幫助孩子更好地表達自己的需求和想法，有利於孩子心理的健康。語言的好處有很多，下面，讓我們一起走進語言的世界吧！

一、語言發展階段

以往的研究人員大都把孩子語言發展的階段分為單字句階段（1～1.5 歲）、雙字句階段（1.5～2 歲）、簡單句階段（2～3 歲）、複雜句階段（3～5 歲）、完整的文法階段（5 歲以後）。

這類劃分方式雖然已被大多數研究人員所採納，但是我們必須了解到在孩子語言學習早期出現了單字句和雙字句，隨後孩子便會把單字組合為片語。

而上述劃分方式難以解釋詞、片語、句子這 3 級語言單位之間的結構規則、組合規則和文法組合上的差別。因而我們必須了解到在孩子習得語言的過程中存在一個不可忽略的片語習得階段。

根據 1～6 歲孩子語言的發展特點，發展階段應分為詞文法階段（1～1.5 歲）、片語文法階段（1.5～3 歲）和句文法階段（3～6 歲）3 個階段。

（一）詞文法階段（1～1.5 歲）

在詞文法階段，孩子語言的組成單位是單字，其語言形式主要是單字句、雙字句（又稱為「電報句」）。

單字句是指孩子的一句話中只有單個單字，如會用「ㄋ

ㄋㄟㄋㄟ」、「蘋果」來直接表達想吃什麼。雙字句是指孩子開始把兩個片語合在一起表達自己的意思，比如：「吃飯飯」、「洗澡澡」這類的句式。

（二）片語文法階段（1.5～3歲）

在片語文法階段，孩子語言的組成單位是片語，其語言形式主要是透過片語造句，例如：「這個給你坐」、「我的手破皮了」。在這一階段，孩子會將片語作為一個整體加以運用。

（三）句文法階段（3～6歲）

在這個階段，孩子語言的組成單位是單字、片語和句子，其語言形式主要是邏輯明確的複合句。例如：「明天我要媽媽幫我買一個」、「我家有小汽車還有飛機」。

二、語言習得手段

關於孩子是如何學習語言的，不同研究人員有不同的看法。

（一）環境論

持環境論的心理學家認為孩子語言習得主要透過後天學習。我們的大腦中存在一群神經細胞，這些細胞可以反映他

人的行為，這樣我們就可以學會模仿、溝通等。孩子在與父母的互動過程中模仿父母的語言，父母的積極回饋也能強化他們的語言習得。

研究人員對孩子習得語言的事實進行觀察和分析，得出孩子習得語言的手段有以下幾種。

1. 模仿

模仿是孩子習得語言中最基本的手段。在孩子學習語言初期，進行的主要是水準較低的模仿活動，只是簡單地對父母的語言行為進行部分或全部的模仿。在經過多次簡單的語言模仿後，孩子逐步強化語言結構意識，比如：形容詞在名詞前，這為以後學習複雜的語言奠定了基礎。比如：「提問式模仿」是指父母用問句示範一個含有疑問成分的句法結構。父母問：「你把衣服放到哪裡了？」孩子在替換了其中的疑問成分後回答：「我把衣服放那裡去了。」

2. 替換

語言學家周國光認為，對已習得的、具體的、有一定句法結構的語句，用句法性質相同的成分去替換原句法結構中的某個句法成分，從而得到新的句法結構，這個過程就是替換。也就是說，孩子可以在習得某種句法結構模式後，再容納新的、不同的成分。比如：他們在學會「球」這個詞語後，就更容易掌握「圓球」這個詞語。

3. 擴展

孩子在習得了一種句法結構後就會運用添加的手段來擴展這種結構。比如：學會了「小汽車」可以擴展為「黑色的小汽車」。透過擴展，增加已習得的句法結構的層次，孩子的語言能力得以提升。

4. 聯結

周國光還認為，聯結是把已經習得的、有順序語義關係的句法結構組合起來，構成按序排列的複雜的句法結構。比如：先說「爬下來」，再透過聯結加長句法結構，加強語義表達，於是形成「爬下來，爬下來玩」這樣的句子。

（二）先天論

語言學家杭士基（Noam Chomsky）指出人腦中具備一種與生俱來的語言習得裝置，簡稱 LAD。語言習得裝置的存在使人們將接收的言語資訊轉化為內在的文法。正是這類先天存在的文法系統，使得各國孩子獲得語言的順序出奇地一致，均是先單字句再雙字句，最後從簡單句再到複雜句。

這種特殊的語言習得機制，先以與生俱來的普遍文法知識為依據，再對語言素材資訊進行處理，逐步了解語言背後的深層結構以及如何將深層結構轉化為表層結構，最後形成一套內化的文法系統。

三、對語言發展的擔憂

（一）孩子說話晚的現象

老一輩的父母常常認為「誰說話早，誰就更聰明」，可是生活的事例卻告訴我們，說話的早晚與後天各能力的發展並無直接關係。雖然哈佛大學兒童發展研究中心的研究成果《人類大腦發展曲線圖》發現，語言腦功能的發展巔峰出現在孩子 8 個月大左右，這個時期的孩子對語言等相當敏感，但是有些孩子發育較晚些，因此說話比較晚。所以，父母要理性看待孩子學說話的早晚，不要單單據此認為孩子智商偏高或偏低。

我們除了上述的劃分方法，還可以根據孩子語言發展的不同水準和狀態將孩子的語言發展劃分為以下 4 個時期。

* 前語言理解時期（0 ～ 8 個月）：剛剛出生的新生兒常常發出一些比較簡單的母音，隨後可以重複發出連續性的音節，例如「嗯嗯」。
* 語言理解時期（9 ～ 12 個月）：孩子的語言開始逐漸豐富起來，不但有不同音節的連續發音，還會模仿成人交際中出現的語言，能夠含糊但主動地叫出某物品的名字。

＊ 口語萌芽時期（13 ～ 16 個月）：能夠說出母語中一個
完整的單字，如「媽媽」、「爸爸」。其中，男孩的語言
發展水準要晚於女孩，並且男孩的詞彙量也比女孩少
一半。

＊ 主題文法掌握時期（17 ～ 36 個月）：詞語的理解和掌握
數量飛快增長，句法也更加成熟，足以將詞語組織成一
些簡單的句子。

我們可以看出，2 ～ 3 歲的孩子已經能夠比較熟練地使
用語言了。研究發現，4 歲的孩子已經能夠掌握本國語言，
而 5 歲的孩子就可以靈活地運用語言進行複述、編故事等。
一般來說，比語言發展平均水準晚 4 ～ 6 個月是正常水準。

（二）如何有效地教孩子說話

雖然孩子開口說話的時間有早有晚，但是有很多研究顯
示，在家中，孩子與父母閉環對話的數量越多，孩子的詞彙
量增長得就越快，孩子的智力水準也會較高。我們要明白人
的大腦具有很大的可塑性，每個人的才能都是無限的。父母
要採用合適的方法喚醒孩子的潛能，運用大量的刺激激發孩
子的語言輸出。如何進行高品質的親子談話？如何有效地教
孩子說話？

本文提供了以下 4 種方法。

1. 共情關注

共情關注裡的共情是指根據想像而不是判斷感知他人內心世界的能力。共情關注是指父母感知孩子現階段關注的事物，再去和孩子關注一樣的事物。根據前面的內容，我們已經看到，孩子眼中的世界不同於成人眼中的世界。父母不要強行破壞孩子的內心世界，隨意打斷孩子目前關注的事物，讓孩子被動地接收自己的資訊輸入。相反，在孩子的行為具備安全的前提條件下，給予他們溫暖且積極的回應。比如：看見孩子被路邊的野花深深地吸引時，父母可以說：「孩子你看看，這是什麼花呢？」從本質上來說，孩子大腦發育的核心在於他們的主要撫養者能有愛心，也能與孩子進行積極互動。

2. 充分交流

很多父母認為充分交流是指親子間的互動數量要多，頻率要高，但我們這裡說的充分交流是指親子間的交流內容要充分、廣泛和深入。

進行充分交流有幾種方法。首先是言語擴充。言語擴充是指父母需要增添一些動詞、形容詞來豐富語句，幫助孩子學會更豐富、更有層次的對話。比起以往的「這是蘋果」，可以換成「孩子你看，這個看起來圓圓的、粉紅的，嘗起來酸酸甜甜，口感脆脆的，它是什麼呀？噢，原來是蘋果啊！」

其次是言語支架。言語支架是指盡量用更豐富的語句來回答孩子，例如：介紹瀑布時我們可以用「飛流直下三千尺」，或許孩子沒辦法理解，但是每天一點小小的累積就能換來孩子很大的進步。最後還要介紹的一種方法是減少代詞。或許在成人的眼裡，代詞的使用輕而易舉，我們可以毫不費力地知道「它」、「這」在對話中意味著什麼，但是對孩子而言，代詞會令人迷惑。美國兒科教授達娜・薩斯金德（Dana Suskind）說過：「孩子接觸到的語言環境越豐富，那他聽懂詞語、掌握詞義的能力就會越強，還能在實際生活中得心應手地運用。」

3. 輪流談話

輪流談話是指親子的溝通盡量是一個有來有往的閉環狀態。我們可以透過開放式的問題來實現這一目的，比起簡單的類似「是」或「否」的應答，多使用幾句「是什麼」、「怎麼辦」來引導孩子說得更多，嘗試獨立思考。

4. 關掉電子設備

隨著如今電子設備的飛速發展，越來越多的父母經常用電子設備來安撫吵鬧的孩子。可是我們要明白大腦的特殊性，大腦離不開社交互動，孩子只有在社會回應和社會互動的環境中才能更快速地學習運用語言。所以我們要認真地利用現實世界來培養孩子的語言運用能力，而不是運用二維的動畫。

　　除上述的方法外，還有一個小細節需要再強調下。我們不否認孩子喜歡父母用帶有較慢的語速、較高的語調和較誇張的語氣說話。這類方式的確會更易於孩子理解我們所想表達的內容，但是我們也要注意不要為了和孩子更好地溝通而採用一些過於「兒童化」的方式，如過度使用疊字。儘管疊字的使用讓句子變得朗朗上口，更令孩子易於接受，但是這種方式並不符合成人的語言形式，因此不利於年齡稍大的孩子的語言發展。

第三節
記憶力：我會儲存，我會用

　　不少人在日常生活的溝通中常常感到「有理而無話可說」，像我在生活中常常會羨慕那些在日常溝通中可以輕而易舉地滔滔不絕、引經據典的「語言天才」。其實這不僅僅是因為他們在平常就保持著豐富的閱讀量，還離不開的是他們卓越的記憶力。卓越的記憶力不僅能夠將眼前所見、耳畔所聞的東西深深印在腦海裡，還能夠很好地幫助人們將知識串聯起來，切實做到學以致用、融會貫通。

　　記憶是人腦對經驗過事物的識記、保持、回憶或再認，是進行思維、想像等高級心理活動的基礎。

　　識記是記憶的開始，是指透過識別和區分，把事物在頭腦中留下一定印記的過程。識記效果的好壞直接影響著記憶的品質。其中，自主記憶是指存在一定的預定目的，並且個體在這個識記過程中也付出了一定的意志努力。自主記憶又可以分為機械記憶和理解記憶，前者是指記憶材料之間無關

聯或個體沒有理解記憶材料的實質意義；後者是指個體能根據自身經驗理解記憶材料。非自主記憶是指在沒有預定目的和意志努力的情況下順其自然地將事物刻劃在腦海中。

回憶或再認是記憶的最後環節，我們常常運用回憶或再認的效果來衡量記憶水準。回憶是指之前體驗過的事物在腦海內再度出現的心理過程。再認是指之前體驗過的事物再次出現時，個體能夠識別出來的心理過程。

一、孩子記憶的特點

孩子對事物的記憶是沒有目的、沒有意志努力的，自己不會有主動記憶的動機。隨著孩子大腦的發育，認知思維能力的提升，孩子的記憶容量有所增大，非自主記憶的效果也會有實質性的進步。父母也要正確意識到，直到 3 歲以後，孩子才會逐漸發展自主記憶，而在讀國小前自主記憶在孩子的日常生活中所占的比重是遠遠少於非自主記憶的。

在機械記憶和理解記憶中，機械記憶是孩子使用較多的方法。這主要是因為孩子大腦皮層還未完全發育成熟，缺乏早期生活經驗，所以他們難以把記憶材料的內在意義和日常生活連繫起來，這也是他們無法理解記憶材料內容的原因。那我們可以說機械記憶不重要嗎？千萬不能有這樣的誤解。機械記憶和理解記憶之間是相輔相成、互相促進的關係。理

解是在認知、感知的基礎上，因而理解記憶的要求要高於機械記憶，只有具備一定的機械記憶才能理解更豐富的記憶材料。隨著孩子認知能力的發展、生活經驗的豐富，前期機械記憶中的一部分內容可以轉化為理解記憶，產生更加優越的記憶效果。

孩子總是偏愛形象記憶。形象記憶是記憶的一種方式，記憶內容為事物的形象。因而顏色越鮮豔、圖案越有趣、形象越直觀的刺激物，越是能吸引孩子的眼球，促進孩子的記憶。

▎二、孩子塵封的記憶

如果現在讓各位讀者回憶一下自己在童年期的經歷，是不是只有像火花一樣閃過的回憶呢？這種現象幾乎在每個人身上都可以找到，科學家把它稱為童年失憶症或嬰兒經驗失憶。童年失憶症是指學齡前孩子看起來活力強、記憶活躍，但記憶微弱且易消失。

其中的原因有很多。首先，孩子的大腦正處於一個快速發展的階段，各個腦區以及它們之間的聯結還未完全發育成熟。比如：與長時記憶有關的海馬體附近的齒狀回主要產生橋梁的作用 —— 將資訊運輸到海馬體以形成長時記憶。而齒狀回要到 4 ～ 5 歲才能成熟，也就是說，在這之前孩子很

難形成長時記憶。其次，孩子的語言發展不夠成熟，哪怕記住了某件事情也無法用合適的符號加以表徵。最後，如我們之前所說，孩子的記憶以非自主記憶為主，孩子很難透過現實的聯結來準確提取記憶資訊。除此之外，孩子的記憶和自我意識的發展密不可分，自我意識幫助我們更好地組織記憶材料，還有利於回憶記憶內容。只有等到自我意識開始萌芽時，孩子的記憶才逐漸穩固。

三、天才孩子

　　孩子儲存記憶的方式以非言語為主，如圖片、聲音等，換句話說，這必須在成人的幫助下將非言語轉化為言語才能和他人分享自己的記憶成果。因此，我們常常會發現孩子的記憶並不完善。除此之外，通常成人的記憶分為感覺記憶、短時記憶和長時記憶。一般來說，對於無規律性資訊，我們透過注意將其放入短時記憶中，透過複述將其放入長時記憶。而研究顯示，孩子的記憶策略發展較弱，比如：3歲的孩子無法掌握複述這種記憶策略，這或許是因為3歲的孩子不需要記住任何資訊，直到7～10歲才能比較有效地使用這一策略。

　　記憶有4種特質，分別是敏捷性、持久性、準確性和準備性。這4種特質彼此相連、缺一不可，我們也常常透過這4種特質去衡量記憶水準的好壞。

* 記憶的敏捷性是指識記速度快慢方面的特徵。個體的暫時性神經連繫得越快，記憶越敏銳，能在單位時間內記憶的內容就越多。

* 記憶的持久性是指記憶內容保持時間的長短。個體的暫時性神經連繫得越牢固，識記材料保持的時間就越久。

* 記憶的準確性是指記憶內容識別、保持和再現的精確程度。離開了記憶的準確性，我們就無從談起好的記憶效果。

* 記憶的準備性是指從記憶庫中回憶起相關知識的快慢和準確性，換句話說，就是能否有效地從記憶中提取內容。

那麼，高水準的記憶能力是如何培養出來的呢？雖然我們無法迴避遺傳的力量，但是我們可以從一些家庭的教養方式來找到蛛絲馬跡。例如：幫助孩子接觸真實的世界。研究顯示，接觸更多元的刺激、培養廣泛的興趣可以促進孩子大腦的發展；此外還有給予及時的關注、親子間積極互動等等。

四、學齡前孩子記憶與暗示性影響

如今，越來越多的重大案件需要孩子出庭作證。這時候，越來越多的人開始擔憂孩子的錯誤記憶，孩子記憶受到暗示的可能也成為影響其證言有效性的重要因素。孩子的錯

誤記憶是指孩子在反覆的詢問過程中容易表現出前後陳述不一致、記憶混淆的現象。了解孩子容易受暗示的心理特徵不僅可以多角度認識孩子的認知活動，還可以幫助人們合理看待孩子的作證能力。

孩子產生錯誤記憶的原因有以下兩種：

（一）認知角度

孩子對事件的記憶會受到回憶事件前後發生事件資訊的干擾。在這裡向大家介紹一個記憶痕跡理論，該理論的基本觀點是所謂的記憶痕跡都是對所接收資訊進行編碼的痕跡紀錄，伴隨時間的推移和錯誤資訊的干擾，痕跡的各種資訊有可能逐漸鬆動，甚至幾乎完全分離，但是在主動提取資訊的階段，這些特徵又有可能重新聚合在一起，所以在編碼與提取階段下的記憶都有可能被歪曲。其中痕跡又分為強弱兩種，弱痕跡的事件資訊結合鬆散，就會使暗示性資訊更容易介入，導致弱痕跡被沖淡、混合或抹去。而年幼孩子僅僅根據機械記憶而不是意義記憶，因而記憶的編碼痕跡較弱，所以這類人群容易受暗示。

還有一種觀點認為，學齡前孩子的言語技巧掌握不足，因而難以準確地理解成人所運用的語言結構。而且孩子的表達能力和語言產出技巧有限，使得成人無法恰當理解孩子的口頭報告。

孩子不僅缺乏對不同來源的記憶加以分辨的能力，還難以區別現實與幻想。研究顯示，如果從整體知覺到語義上，真實事件與暗示資訊都極度相似的話，孩子很容易將其混淆，而且難以區分開。

（二）社會及動機因素

在引導孩子作證的過程中，我們無法忽視的關鍵人物就是訪談者了。訪談者的偏見和有意無意表現出的暗示資訊，都是影響孩子說出事實的關鍵因素。

對事件的發生、對行為者的動機事先形成一定判斷的訪談者，很可能在訪談過程中直接忽略孩子提供的與自己判斷不相一致的證據，也有可能在訪談過程中對有選擇可能的問題避而不談（如「你仔細想想你看到的是這樣嗎？」）。

若訪談者對事件的發生發展形成了偏見，那麼他很有可能在提問時更多地選擇有誘導性的特殊問題。誘導性提問是指提問者透過不恰當的方式來操縱或限制回答者的陳述，例如：「你是否看到了……」、「他摸了你身體的哪些地方？」、「確定嗎？你再好好想想你的回答」，但事實證明，孩子在面對開放式的問題時常常回答得更正確，因為上述特殊問題會使孩子傾向於改變自己的觀點而與訪談者保持一致。當誘導性提問多次運用在提問過程中時，孩子的陳述會被「汙染」。

有些訪談者會巧妙地設計一些情景或運用一些語言來傳

遞暗示。例如：訪談者可以透過有情感起伏的語調來傳遞隱含的資訊，暗示孩子不符合意圖的回答將得到威脅或符合意圖的回答將得到獎勵。訪談者還會採取定勢誘導的方式，運用語言將加害者描述為一個「十惡不赦的大壞人」。例如：預先告知孩子一句：「小明在前一所幼稚園經常和別的小朋友打架。」那麼過不了多久就會有很多小朋友來和老師告小明的狀，儘管小明在新幼稚園尚未表現不好。這種帶有暗示性成分的資訊會讓孩子不知不覺將錯誤資訊納入他的認知系統中，進而產生誤判。

還有些訪談者會運用孩子難以區分現實和幻想的認知特徵，在提問過程中不斷要求孩子回憶某一事件的畫面，不斷構想事件的細節，導致孩子為現實發生的事件拼湊上了虛假的細節描述。環境對孩子錯誤記憶的影響也是很大的，在不斷被提問的高壓環境下，在提問者的權威下，不少孩子往往處於高度緊張的狀態。雖然目前對於回憶的準確性與緊張氣氛的相關性還沒有確切的結論，但我們也要考慮到這一因素的影響。

訪談者的暗示性技巧還有很多，有些是本書尚未列舉的，還有些是過於隱蔽尚未被發掘的。所以，我們要採用恰當的詢問技巧，合理控制詢問頻率，客觀分析孩子的陳述，理性看待孩子回憶的準確性。

第四節
心理理論：你的感覺，我都懂

孩子看見媽媽皺眉頭的樣子，因而學會了慢慢停止哭鬧；孩子明白了什麼是錯誤的信念，因而學會了如何和父母撒謊……孩子不會停留在原地，他們的心理理論能力會不斷得到發展。心理理論是什麼呢？難道是指心理學界各流派提出的觀念嗎？實際上，心理理論是指孩子對信念和願望等基本心理成分的理解，以及孩子關於這些心理成分與知覺輸入和行為如何相互影響的知識，是孩子對他人心理狀態及其與他人行為關係的推理或認知。

大量研究證實，孩子心理理論能力的發展趨勢為 2～3 歲形成願望心理理論，4～5 歲形成願望－信念心理理論，等到 5 歲以後開始逐步形成解釋性心理理論。其中，願望心理理論是指孩子認為他人行為目的、想法等與自己一致，如「我喜歡的禮物你一定會喜歡」這類想法。此時孩子觀點的選取、採納能力有限，低年級的孩子可能會認為周圍所有人與自己的

感受是相同的，比如：他喜歡小汽車，就會認為周圍所有小朋友都喜歡小汽車。高年級的孩子或許會知道他人與自己在感受和想法上不一樣，但並不知道具體哪裡不一樣，所以他們不知道自己說出的話會對他人產生什麼樣的影響。

孩子的天真無邪或許是因為他們以自我為中心。願望－信念心理理論是指孩子開始意識到他人會與自己具有不同的動機、興趣和想法，關於他人與自己是不同的這一現象開始接受。而解釋性心理理論是指孩子開始理解外界如何影響他人的認知，他人的認知又會對外界產生什麼影響。隨著心理理論能力的發展，孩子能逐漸透過觀察他人的一些心理狀態來解釋和預測他人行為，我們更應該學會以動態的眼光看待孩子。

▌一、心理理論的作用

心理理論與科學意義上的理論不一樣，並不是指心理學中的理論。其實際意思是透過對自己和他人心理狀態（如需求、信念、情緒等）的了解和認知，進一步對自己和他人接下來的行為提前做出預測和解讀。我們在人際交往中往往需要察言觀色，揣摩他人的真實意圖，運用的就是心理理論這一功能，它在我們的人際交往中發揮著至關重要的作用。心理學家普遍認為，擁有良好的心理理論，能增加個體的社會適應能力和人際協調能力；在人際交往過程中能更準確地預

測他人的行為和認知，提升自己的溝通能力。

對孩子而言，心理理論能力的發展也能促進其認知能力的提高，這些能力是他們社會交往中所必需的。這能幫助孩子正確認知誤會、欺騙、錯誤信念等概念。具體來說，發展了優秀的心理理論的孩子可以在日常交往中正確識別他人對同一事物的不同認知表徵，可以發現他人表面與實質的不一致，比如：意識到「他們兩個人表面上看著很好，但實際上都很討厭對方」等。

二、心理理論與行為

（一）心理理論與語言行為

用研究任務衡量的心理理論能力和語言能力有某種程度的相關性，孩子只有具備一定的語言能力，才能透過心理理論測試任務。這說明心理理論能力發展的基礎也許是語言能力，成熟的語言能力為人們認知客觀事物和周圍世界，包括他人的心理狀態提供了有力的工具。親子之間合乎語言習慣的交談，對於孩子的心理理論能力的發展可能有所幫助。

研究顯示，在相同的學習材料下，當教育工作者表現得捉摸不定時，孩子的成績要差於當教育工作者表現出肯定姿態時。這是因為孩子在建立詞語和它的指代物或意義之間的

聯結中，會傾向於根據老師的表現，如老師表現出的心理狀態來支援學習。老師確信無疑或懷疑的姿態都會被孩子所察覺，所以我們需要強調老師在教學中確保知識的科學性和思想性，做到「知之為知之，不知為不知」。

（二）心理理論分配公平性行為

公平是人類社會的重要原則，它產生維護社會秩序、促進人類合作的作用。資源分配是孩子在生活中常常要面臨的情景，資源分配的不公經常導致人際衝突的發生。因此，父母在日常生活中總是教育孩子理解「分配公平性」這個概念。畢竟分配公平性的培養能夠促進孩子之間的合作，減少人際衝突。

已有研究顯示，心理理論中存在 3 種主要成分可能影響分配公平性，它們分別是感知需求、推斷意圖和理解情緒：

* 感知需求是指孩子是否能夠體會到他人的資源需求。當孩子感知到對方並不需要資源時，心理理論能力越好的孩子會分享得越少。
* 推斷意圖是指孩子對行為背後意圖的理解。對他人行為背後意圖的不同推斷會導致我們做出不同的反應。
* 理解情緒，對情緒的理解能力可以促進孩子的分享行為。

為了更好地培養孩子的分配公平性行為，我們需要告訴孩子被分配者對資源的渴望，例如：告訴他：「孩子，人家和你一樣都很喜歡這個娃娃，我相信你給他玩，他也會同樣愛惜的。」也可以準確地向孩子解釋分配行為背後意圖：「孩子，人家是想和你一起照顧這個玩偶，你願意讓他感受到和你一樣的快樂嗎？」還可以告知孩子被分配的喜悅：「孩子，你看看你的好朋友因為你的分享多開心啊！」

三、如何提高心理理論能力

（一）家庭因素

家庭的重要性我們已經說過很多遍了，家庭是孩子的第一所學校，是孩子成長的搖籃。父母又是孩子的第一任老師，是孩子社會化的首要對象。家庭成員之間的關係、父母的教養方式和早期的生活環境等因素，都會對孩子心理理論能力的發展帶來不同程度的影響。

首先，我們要強調的是父母的教養方式。教養方式分為民主型、溺愛型和專制型。研究發現，民主型的父母更關心孩子的教育，與孩子的互動較多。這種教養方式有助於孩子認知他人的心理狀態，進而使孩子的心理理論能力得到較好的發展。而溺愛型的父母習慣為孩子「掃平」一切困難，滿

足孩子的一切需求，不利於孩子心理理論能力的發展。親子交往對孩子心理理論能力發展還具有很多促進作用。比如：父母為孩子創造了許多情景認知他人願望、想法、意圖和情緒的機會，如孩子聚會、社區遊玩等活動，從而使得孩子在這方面的經驗不斷豐富，這些經驗有助於促使孩子修正和改進他們已有的心理理論。或者父母在親子交往中用實際的行動和想法提供孩子社會學習的榜樣，讓孩子在日常交往中逐步了解他人的想法，了解什麼是善意的謊言等。孩子還可以透過將自己置身於他人位置的方法來獲得對心理狀態及相關行為的認知。由此我們可以看到，孩子在與父母交往的過程中，逐漸獲得對自己與他人心理世界的認知，從而提升了心理理論能力發展的水準。

其次，我們建議父母多組織假裝遊戲。假裝遊戲是指孩子透過扮演不同的角色來實現現實世界和想像世界的聯結。研究顯示，在假裝遊戲過程中，孩子透過設身處地地扮演另一個角色，與同伴協商如何分配角色和將一個物體假想為另一個物體的方式，都會促進孩子心理理論能力的發展。具體來說，父母可以在家和孩子玩角色扮演的遊戲；在外帶孩子去各種職業體驗館。

最後，父母要為孩子創造閱讀交流的機會。我們可以培養孩子從小聽睡前故事的習慣，等到孩子長大，睡前故事就

融入了他的日常生活中。在閱讀過程中，父母的語言會為孩子營造一個安全、放鬆的氛圍。父母可以運用一些提問來幫助孩子更好地理解故事中的主角，比如「他的目的是什麼」、「他的願望是什麼」，以此引導孩子對人物進行深入細緻的探討，促進孩子積極思考。但如今電子設備侵入了我們生活中的細枝末節，不少父母會困惑陪孩子閱讀是用電子設備還是用實體書。在這裡建議各位父母選擇實體的紙本書籍。

在使用實體書時，父母可以詢問孩子：「孩子，接下來小紅帽應該怎麼做呢？」用親切的互動帶領孩子走進故事裡的世界。父母還可以用低沉的語調模仿「熊」的聲音，用尖細的語調模仿「狐狸」的聲音，同時孩子閱讀模仿實體書也能避免電子設備對眼睛產生的不良影響。倘若使用電子設備，互動或許會轉變成用 iPad 播放熊和狐狸說的話，可見，這違背了父母對孩子講故事培養習慣的初衷，並且不利於孩子對故事情感色彩的理解。可能真正的問題在於父母向孩子講授故事的態度和方式。在現實生活中，在職場奔波了一天的父母，面對纏著自己要聽故事的孩子不免心有餘而力不足，這時像「強哥說故事」、「媽爹講故事」等頻道往往就成了很多父母的選擇。

雖然類似的講故事頻道有著使用方便的優勢，但是親子

情感的交流離不開的是父母的聲音，畢竟孩子從胎兒期就聽著父母的聲音長大。親子共讀結束後，就故事內容的談心過程是加深親子關係、促進父母理解孩子生活的最好途徑。

（二）交往因素

每個人都不是一座孤島，哪怕是孩子也需要與社區內的玩伴交流玩耍。研究顯示，如果孩子在早期能夠與同齡人有社交活動，他們的心理理論發展水準會比其他孩子高很多。在與他人交往機會較多的情況下，如在多子女家庭裡，孩子們學習並發展心理理論的機會也就很多。有研究發現，在兄弟姐妹數量一樣多的情況下，擁有哥哥姐姐的孩子比擁有弟弟妹妹多的孩子在錯誤信念任務上的得分要高一些，從中推測出的可能原因是孩子在與知識經驗豐富的人的交流中，可以更好地鍛鍊他們的言語水準和認知水準，獲得心理理論能力的提升。

孩子的交往不局限於兄弟姐妹，還包括同齡人。由於交往雙方年齡、身高和體重等方面大致相似，同儕間常常處於一種平等互惠的關係。孩子只有透過認真觀察同伴的表情和身體姿態，傾聽同伴的話語，才能正確了解同伴的意圖和情緒，理解同伴行為背後的原因，預測同伴的需求，以達到最佳的同伴關係。並且有研究發現，在同儕交往中越受歡迎的孩子，其心理理論水準發展得越好。由此我們可以看到，同

儕交往有助於孩子心理理論能力的發展。

　　如今，在生活壓力的影響下，越來越多的孩子成了獨生子女。在這樣的情況下，父母可以多帶孩子去社區開放空間、公園等地方玩耍，還可以多多舉行同齡孩子的聚會，無論是邀請別的孩子來家裡做客，還是在確保安全的情況下允許孩子到他人家做客，又或者讓孩子去跑跑腿，都是增加同儕交往的好機會。

第五節
學習：我學知識，我最棒

　　著名的赫布定律認為，學習是指若大腦記憶體在兩個總是同時被啟動的神經細胞，那麼這兩個神經細胞的聯結就會增強。長期下去，可以發展為在啟動一個細胞的同時，另一個細胞也被啟動。比如：每天早讀堅持英文單字背誦，長此以往，看見單字就知道它的中文意思。很多網友都在討論讀書究竟有什麼用 ——「我買菜又不需要用到微積分」、「數學只要掌握加、減、乘、除就可以了」、「考數學就是為了把你們這些持反對意見的人給排除掉的」……各式各樣的聲音層出不窮，那麼讀書究竟有什麼用呢？

　　讀書可以獲得更好的社會地位和經濟收益；讀書可以提升個人的內涵；讀書可以改變命運。但是我認為讀書最關鍵的作用在於改進一個人的思考方式。

　　現在設計一個情景，假如老闆現在需要你在短時間內設計一個產品的行銷方案，那麼你第一步要做什麼？很多人第

一步會在腦海中搜尋曾經接觸過的、有一定成效的行銷方案，例如：部落客推廣、系統推送、社群 APP 好友轉發等。第二步應該是將上述想到的所有點子和這個產品連繫起來，找到最契合這個產品的行銷方案。在上述過程中，你的思維大致經歷了兩個步驟，先整理相關的背景知識，再將問題和背景知識連繫起來，以達到解決問題的目的。大家有沒有發現這兩個步驟和我們讀書期間解決問題的步驟非常相似？以幾何題為例，從問題和圖形中尋找出題人想驗收的知識點和方法論，再結合問題搜尋最恰當的方法論。在剛剛我設計的這個情景中，大家可以體會到讀書是如何改進思考方式的。學無止境，是因為學習可以改變你的思維、習慣和行為方式。學習的重要性不言而喻，為了讓下一代更好地成長，讓我們走進學齡前孩子學習的世界吧！

一、內部因素

（一）動機

動機是激發和維持有機體的行動，並使行動導向某一目標的心理傾向或內部驅力。顧名思義，學習動機就是激發和維持有機體的學習行為，並使學習行為導向某一目標的心理傾向或內驅力。

　　看到這裡，也許你會內心忐忑，現在就談論孩子如何培養學習動機是不是有點操之過急。從這點來說，我們需要正確了解到，學習動機又分為內部動機和外部動機。內部動機是指個體對所從事的活動本身有興趣而產生的動機；外部動機是指由外部力量和外部環境激發而來的動機。有些人每天起早貪黑去圖書館讀書，為的是充實自己，獲得更多的知識，這是由內部動機主導的學習。有些人每天好好學習的目的只是單純地為了獲取證照或者獲得獎金，這就是由外部動機主導的學習。孩子由於生活經驗的缺乏、大腦發育不完全等原因或許難以自行發展對學習的內部動機，但是我們可以有效發展孩子對學習的外部動機。

　　年齡越小的孩子，學習動機越具體，比如：更多藉助於興趣，像幼稚園老師用各種卡通動物形象或遊戲來引起孩子的注意力。老師和父母還可以幫助孩子建立對學習的興趣。有了興趣以後，興趣產生的愉悅促使人更加主動和專注地去做某件事。興趣源於好奇心，因此激發孩子探索未知的欲望，鼓勵孩子所做的任何嘗試，才能讓孩子逐漸對學習產生興趣。父母和老師可以利用孩子成功完成作業所帶來的成就感，進而把孩子的學習動機轉變為對成功的渴望。

（二）發展因素

　　「為什麼我的孩子總是不能在桌子前安穩地坐上幾個小時呢？」「為什麼一讓他讀書，他就會百般抗拒呢？」事實上，父母要逐漸接受並不是每個孩子都是「天才兒童」的事實。我們要正確對待孩子被動、注意力渙散、做事拖拖拉拉、行為效率低下、不仔細、丟三落四、貪玩、不愛讀書等這類不良行為習慣。這些行為習慣在一定程度上展現了學齡前孩子的身心發展特點。

　　我們要談一下為什麼孩子「玩心」這麼大，為什麼他們無法正確意識到學習的重要性。皮亞傑曾運用守恆實驗探討兒童思維。正如前面詳細闡述的液體守恆實驗，大多數 3 ～ 4 歲的孩子會覺得細長玻璃杯中的液體要多一些；5 ～ 6 歲的孩子會表現得比較猶豫，似乎注意到玻璃杯中的液體含量是一樣的，但是不太確定；直到 8 歲以上的孩子才能完全正確地回答問題。從這個實驗我們可以看出，孩子的思維是逐漸發展的，是從具體形象思維向抽象思維轉變的過程。具體來說，年齡越小的孩子思維特點越形象、直觀。與孩子的相處過程中，我們也可以發現他們難以理解抽象的東西，這也是為什麼孩子聽不懂我們講的大道理。

　　為什麼孩子讀書很被動呢？為什麼一定要父母或者老師的強力監督才會去讀書呢？「你難道不想以後過上好生活

嗎？」「這些都是為了你的將來呀！」這些話哪怕你喊破嗓子，他們都不能像成人一樣正確理解、認知未來和生活等概念。因為孩子的注意力、知覺和記憶是從非自主注意、非自主知覺、非自主記憶到自主注意、自主知覺和自主記憶的，並非是孩子不主動，這恰恰是孩子的特點。簡單來說，他們的注意、知覺和記憶都是在無意識條件下進行的，所以需要一定的外力來幫助他們從無意識轉為有意識。

因此，父母應該放棄孩子主動讀書這一願景，而是採取適當的方式激發孩子對學習的興趣，運用適合他們年齡階段特點的方法吸引他們的注意力。

父母需要正確看待孩子在學習過程中的不良表現。例如：為什麼簡簡單單的「1、2、3」，孩子都會寫得歪歪扭扭。父母不免會責怪孩子，認為他們就是不用心、貪玩，進而給孩子貼上「壞孩子」的標籤。可是實際上人的動作技能分為粗大動作技能和精細動作技能，孩子寫出來歪歪扭扭的字或許是因為他們的精細動作發展有限，無法控制他們的手指頭做出精細動作。很多父母會疑惑：「明明是這麼簡單的題目，為什麼我的孩子總會出錯呢？」經常替孩子輔導作業的老師或父母，可能會發現一些題目只要稍微注意下就能答對，但孩子還是會犯錯。同樣的小錯誤孩子為什麼會一而再再而三地犯錯？我們經常會歸咎於孩子太粗心了，難道真的

有一種人格特質叫粗心嗎？當然不是，這背後的原因在於學齡前孩子的知覺廣度有限，你能看到知覺對象的整體，而孩子只能看到其中很小一部分，他們暫時還沒有辦法達到成人的知覺水準，所以常常會忽視題目中的細節。

二、環境因素

（一）老師

「師者，所以傳道授業解惑也。」孩子對老師會有一種崇拜感，對年幼的孩子來說，老師的一句表揚、一個乖寶寶章都可以讓他們高興好幾個星期。根據社會學習理論，隨著老師與孩子的相處時間逐漸變長，老師的一言一行就會引發他們的競相模仿。可以看出，老師對孩子的學習信心、社交關係和自我概念等的塑造非常重要。父母需要關注孩子不同階段對老師的認知，並且及時引導他們建立積極的自我評價。

（二）興趣班和補習班

所謂的「佛系育兒」，是指在如今對孩子功課越發重視的大環境下，仍有些父母並不看重孩子成績的高低、校內表現的好壞。我曾在機緣巧合下追蹤了一個粉絲專頁，作者時常抱怨自家孩子成績總是倒數。我感到納悶，明明父母工作

都不錯，相應的基因也差不到哪裡去；父母對孩子的教育也很上心，經常上傳孩子爸爸用心照料的照片。直到這位作者分享自己「佛系育兒」的觀點，我才漸漸解開了疑惑。在她看來，安排得密不透風的興趣班與其說是為了孩子成才，倒不如說是把自己的焦慮轉嫁到了孩子身上。於是，凡是孩子不願意學的、不想學的和短期效果不明顯的興趣班與補習班，她都替孩子放棄了。結果是，這個一年級的孩子仍然常常穩坐班上成績倒數的「寶座」。

對於這個粉專作者的有些觀點，我是贊同的，如「接受孩子的平庸」等。但是我們需要理性看待各種興趣班和補習班。特別是對玩心重的孩子來說，他們眼中的學習充滿著強制性和目的性的色彩，這時興趣班和補習班的重點可以放在培養孩子的責任感與興趣上，甚至可以適度鍛鍊一下意志力。另外，在孩子的學習過程中，老師也可以幫助他們更好地從具體形象思維過渡到抽象邏輯思維。小組活動可以很好地發展孩子的社交能力，提升他們的社會認知水準，培養互助、合作、團結的集體意識，並且他們的自我意識也得到了進一步的發展。也許這些興趣班不能讓孩子真正像父母想的那樣學會舞蹈、唱歌，但是一定程度的學習、一定程度的刺激都有助於塑造孩子的特質，最終可能改變孩子的性格。

換個角度來說，當補習已成常態，提前學會一些課本知

識至少不會讓孩子在初接觸「成績」、「排名」等概念時感到
迷茫，甚至喪失信心以至於形成消極的自我評價。很多標籤
都是一次次老師的責備、父母的搖頭、不高的排名等導致孩
子形成消極的自我評價，如「我是一個壞孩子」，那麼此時
的成績落後、與老師頂嘴等大眾眼裡的不良表現，就變成孩
子心目中新的自我評價的組成部分。建議各位讀者與其著眼
於輔導機構能幫助孩子短期內掌握多少特長，不如將其看作
給孩子未來的投資。

（三）父母

　　父母是孩子的榜樣，是孩子第一個交往對象，更是孩子
社會化的直接背景。民主、溫暖的家庭氛圍是孩子養成好習
慣的重要因素。孩子的學習過程並非主要參照父母的言語教
導，而是他們的行動。為什麼這樣說呢？班度拉曾讓孩子隔
窗觀察實驗室內一位陌生人對波波玩偶（一種充氣玩具）進
行拳打腳踢的行為，然後孩子又被單獨送進一個裝有波波玩
偶的實驗室，被允許自由活動，實驗人員在窗外觀察他們的
行為表現。結果發現，孩子在實驗室裡也會像陌生人一樣對
波波玩偶拳打腳踢。班度拉藉此提出了社會學習理論，該理
論說明，孩子透過觀察榜樣的行為而習得新的行為。可見，
陌生人都能對孩子產生如此深刻的影響，更何況親密的父
母呢？

　　根據社會學習理論，最初孩子的行為是模仿大人，父母的行為對孩子的影響比語言的效果要好得多。這也是父母常常會感到孩子是自己的一面鏡子的原因。那麼父母應該怎麼做才能改善我們上述所說的孩子的種種不良習慣呢？

　　父母自己要有好習慣，做好孩子行為的榜樣。如果父母自己每天在家睡到 10 點，起床就刷手機、玩遊戲，孩子也不會主動去讀書。所以父母不要期待孩子有太高的自覺性，而是要先做孩子的好榜樣。如果希望孩子能早睡早起，父母要先問問自己：「我做到了嗎？」如果希望孩子能有閱讀的好習慣，父母也要反思，自己在家更多的時間是捧著一本書還是捧著手機呢？

　　從可操作的行為來看，我們可以把家裡的各種功能區分，有條件的可以在空間上做區分，如書房、遊戲間、衣帽間、讀書角等。我們還可以為自己設定一些具有儀式感的行為或者生活習慣。比如：有些特殊情況下，很多父母和孩子需要在家辦公與在家上網課，這就是一個很好的為孩子樹立良好榜樣的機會。父母可以嘗試每天 7 點準時起床、盥洗、做早餐，然後換上平時上班穿的衣服，化一個精緻的妝容，藉由這些具有儀式感的習慣來幫助自己進入工作的狀態，而不是蓬頭垢面地穿著睡衣、抱著手機。同時，孩子在家上網課前，也要養成和去學校上課一樣的好習慣，準時起床、盥

洗，穿上比較正式的衣服，端坐在書桌前。

　　這些儀式化行為都可以暗示自己現在是工作或讀書時間了，而不是在家休息的時間，這些能幫助孩子更快地進入狀態。再比如：如果父母想讓孩子在家認認真真練鋼琴，不如讓孩子換上好看的公主裙或燕尾服。儀式化行為還會給孩子一種「我是有自制力的人」的暗示，長期培養下去能提升孩子的自我控制能力。

　　父母總是不可避免地對孩子發脾氣，我常常在社區聽見附近的父母大吼大叫：「為什麼這麼簡單的題目你都寫不出來呀？」事後父母看著孩子斗大的淚珠，又開始自責：「我為什麼總是對自己的寶貝孩子這麼凶？」確實，父母在教育孩子的過程中，永遠保持心平氣和是很難做到的，總有忍不住對孩子發火的瞬間。那麼，在面對這種情況時，如何去控制自己的情緒是父母要攻克的難題。

　　首先，父母需要接納自己不愉快、憤怒的情緒，這是很正常的。其次，我們要管理自己表達情緒的方式，具體來說就是把情緒用語言（最好是孩子能理解的語言）表達出來，而不是用發脾氣的行為表現。用適當的方式表達情緒不僅能夠避免傷害到孩子的心靈，還能夠讓孩子對父母感同身受。當你看到孩子抱著手機不放時，第一遍讓孩子放下手機其實內心就有點生氣了，到了第二遍、第三遍時，你的內心估計

已經翻江倒海了。那麼這時你的聲音可能已經不自覺地放大，表情也不自覺地變嚴肅。其實在這時，你可以藉助一些比較具體的詞語來表達自己的情緒。我們在第一遍時，可以和孩子形容自己此時的情緒像顆紅通通的番茄。等到第三遍時，你可以說：「不要再玩了，我現在非常生氣，媽媽現在感覺身體裡有一個大氣球即將爆炸了。」這種幽默的表達方式可以幫助孩子更真實地理解父母的感受和想法，也可以以榜樣的力量讓孩子學習如何去表達自己的情緒。

在生活中常常會遇到這種場景：媽媽認為這個時間點孩子不應該玩遊戲，爸爸則認為媽媽有點小題大做了，孩子再玩一會兒也沒關係。當父母之間形成衝突時，孩子往往會因為爸爸更多地放任自己而選擇站隊爸爸，並和爸爸一起反對媽媽。這時，媽媽的權威就會受到挑戰，孩子不再只聽媽媽的話，媽媽也會對爸爸的育兒方式產生抱怨，爸爸會放鬆對孩子的管教，從而讓孩子難以在家裡得到一個明確的指令，會更加難以建立一個好習慣。甚至當父母之間關於教育的衝突太多、缺少合作時，孩子就會無所適從，不知道該聽誰的，甚至還學會察言觀色，選擇跟自己有利、對自己友好的一方結盟，或者是輪流結盟。因此，在孩子的教育過程中，父母盡量不要使用「一個扮黑臉，一個扮白臉」的方式。

溝通在親子間的相處中是不可避免的，如何運用溝通培

養孩子的好習慣呢？我在這裡介紹幾種方法：

以溫柔且堅定的形式與孩子溝通。溫柔的方式可以讓孩子更願意接納父母講的話，而堅定的態度能夠提高孩子的執行力。比如：孩子可憐巴巴地望著你，想在飯前吃個小零食，或者大哭大鬧地要吃零食，然後你就退讓了。這會導致孩子聽不進去父母說的話，並且還學會了突破父母的底線。

還有一種比較常見的情況，父母嚴厲地制止孩子：「不行！不可以！」孩子雖然在表面上乖乖順從了，但是他們的內心深處並沒有認同父母，只是礙於父母的權威無法反抗，所以會感到不舒服或者開始恐懼。情況嚴重時，他們還會對父母的言行舉止產生牴觸情緒，引發雙方的對抗。

為此，父母首先要堅持自己的原則，在溝通中還需要有意識地控制自己語速、語調，甚至表情。當孩子放棄了某種不好的行為，父母為了表示鼓勵，還可以給予孩子一個溫暖的擁抱，並對孩子說：「如果你能這樣做，你在父母眼裡就是最優秀的孩子。」

前面介紹了孩子的思維更多停留在具體形式上，對抽象的事物難以理解。父母在與孩子溝通時那些難懂的概念可以轉變為具體的概念。比如：想讓孩子好好練琴，與其說為了培養孩子的氣質，還不如說：「我覺得妳彈鋼琴的樣子好像公主啊！」孩子更容易理解，更願意聽父母說的話。太抽象

的話讓孩子難以理解也就更難執行，那麼父母可以和孩子建立明確、具體、可執行的操作計畫，這樣的計畫就會讓孩子知道該怎麼做。與孩子一起協商，什麼樣的計畫可以讓孩子更願意執行。比如：為了限制孩子玩遊戲的時間，我們可以用沙漏計時，並告訴孩子當沙漏流動結束後就要停止遊戲。

　　由於孩子的學習主動性、學習意志力以及執行能力有限，他們也無法長時間將注意力集中在同一件事情上，所以父母需要輔助孩子養成良好的學習習慣。而推動他們進步的最好方式就是父母用行動和語言相結合，用自身行動啟發孩子，用語言正確引導孩子，幫助孩子轉換注意力，提升孩子的執行力。比如：想讓孩子把玩具房收拾好，我們可以告訴孩子先把積木放在某個盒子內，再把機器人的腿腳重新組裝好。

三、學習策略

（一）框架學習

　　面對比較瑣碎的課業內容時，我們可以運用提綱將各個知識點的內在邏輯厘清，從而將瑣碎的知識點串聯成一張豐富的網絡，加強記憶結構。

　　說到框架學習，就不得不推薦一下心智圖（mind map）了。心智圖又被叫做「大腦的瑞士軍刀」，是一種簡單有效

的圖像式思維工具。它利用圖片加文字的方式，把各級主題用層次關係表現出來，透過將主題關鍵字和圖像、顏色等建立記憶連接，充分運用了我們的大腦。

具體來說，我們用心智圖向孩子介紹昆蟲的頭部時，需要從圖中間開始繪製。只有這樣，你的思維才可以向各個方向自由擴散。最好是橫向繪製，因為橫向會比縱向容納更多的資訊。昆蟲的頭部可以透過黏貼畫或者繪畫的方式來表達，最好用繪畫的方式，因為圖畫比較有趣，並能使你的精神專注，而且這種方式也能讓孩子充分參與其中。我們還需要在繪製過程中使用各種顏色，不同的顏色帶給我們的刺激不同，能為心智圖增添跳躍感和生命力，還能增加孩子的興趣。為了更好地創建思維的基本結構，我們可以將各個分支設計成大樹的形狀，然後向四面八方發散。從昆蟲的頭部逐漸分散為口器、觸角和眼睛 3 個分支。接著每個分支又逐漸衍生出若干枝幹。

心智圖有利於整理思緒、建立框架、強化記憶和理清易混淆的概念。我們可以在與孩子共同繪製心智圖的過程中，幫助孩子訓練合理且高效的思維方式。

（二）過度學習

俗話說「書讀百遍，其義自見」，熟能生巧的重要性被每個人熟知。可是懶惰這一人類的天性常常讓我們在達到恰

能背誦的程度後便停止付出努力。事實上，當達到對一份資料完全準確地背誦出來的程度時，再多讀兩次，可以使我們的學習成效達到事半功倍的效果。

需要注意的是，我們所說的「過度學習」，並不是指無限制地反覆對某一內容進行重複學習。過度學習在一定範圍內是必須的，倘若超過了一定的範圍，就並不是一種值得提倡的學習方式了。一般來說，我們的讀書進度保持在150%的範圍最佳，這樣學習效率也是最高的。如果讀書進度超過150%，我們就會產生疲倦感和厭學情緒，這樣我們的學習效率反而會降低，具體表現在學習成效逐漸下降，出現注意力分散等消極反應。舉例來說，孩子流暢地背出一首古詩後，我們可以透過一人說上句、一人說下句的方式來回顧內容並加以複習。

（三）理解學習

如果讓大家記憶圓周率小數點後的數字，不少人會感到焦頭爛額。這也難怪，3.14後無止盡的數字序列不但毫無規律，而且離我們的日常生活十分的遙遠。我們可以看到，若想達到高效率的記憶，不僅需要在不同的材料之間找到彼此的關聯，還需要在理解的基礎上將知識點與日常生活或已掌握的知識相結合。父母在日常教育中也應注意理解學習的作用，比如：要求孩子背古文，比起強行要求孩子一字不落地

背誦，帶領孩子一起理解古文背後的典故、含義和作者意圖會更好。

（四）利用多通道感官刺激

研究顯示，人類同時運用視覺、味覺、聽覺、嗅覺和觸覺這 5 種感覺產生的聯覺（synesthesia）反應比只透過一種感覺通道所帶來的資訊量多數倍。若想達到好的學習效果，不僅僅眼睛要看，耳朵要聽，我們的手還要寫。孩子早教書的設計應該更加注重閱讀者的感受和體驗，充分調動孩子的聽覺、視覺等多種感覺的參與，運用各式各樣的材料，以真正實現書與孩子更有效地互動和交流，讓孩子可以充分遨遊在閱讀的世界裡。如今市面上將互動設計與孩子書籍設計結合的類型主要有：行為互動體驗型、感官互動體驗型和 QR Code 技術輔助型。

第六節
自我意識：這是我的

　　自我意識是指主體對自身的意識，包括人對自己的身心狀態和自己與客觀世界關係的意識。我們可以根據自我意識的表現形式將其分為自我認知、自我體驗和自我控制 3 類。

一、自我認知的發展

　　自我認知是自我意識的認知成分，主要包括自我觀察和自我評價。其中，自我觀察是指個體對自己的感覺、知覺、記憶、思維等方面的察覺；自我評價是指個體對自己的想法、行為及人格的判斷和評估。

　　自我認知常常表現為自我概念。自我概念作為一個有系統的認知，是個人透過生活經驗、思考和他人評價，逐步加深對自己了解的過程。

　　艾瑞克森（Erik Homburger Erikson）將人的自我概念的形成和發展劃分為8個階段。在每個階段中存在相應的危機，

能否順利度過某個階段在於能否採取恰當的方式解決危機。

　　艾瑞克森認為，面對自我概念的各個發展階段的危機，個體可能會採用或積極、或消極的解決辦法。積極的解決辦法有助於自我完善，因而有助於個體更好地適應社會、應對問題。消極的解決辦法不利於自我的形成，會產生沮喪等負面情緒，影響適應能力的形成。比如：在艾瑞克森看來，青春期會面臨角色同一性和角色混亂的衝突。青春期的孩子需要懂得自己所需擔任的各種角色，弄清自己是誰、自己想要做什麼、將來想要成為怎樣的人，以形成自我概念。

　　從6～8個月開始，孩子可以感覺到自己身體上的變化，之後自我概念便會迅速發展起來。剛開始，孩子的自我概念主要集中在身體特徵、年齡、性別和喜愛的事物上，尚未涉及自己內部的心理活動。

　　面對這個階段的孩子，父母要多給予孩子積極的評價，因為這個時期孩子的自我評價主要源於他人的看法。到了6歲左右，孩子的自我概念開始由外部轉向內部，更多地從品格、人際關係和個性特徵幾個方面來評價自己。

二、自我體驗的發展

　　自我體驗是自我意識的情感成分，如自尊心、自信心、自卑感和自我效能感等內容。其中，自我體驗的核心成分是自尊。

　　自尊的形成伴隨著個體的社會化進程，孩子的第一個社會場所是家庭，孩子的第一個交往對象是父母。影響自尊形成的主要因素是父母的教養方式。

　　父母的教養方式是一個較為複雜的定義，我們可以將其理解為父母與孩子在日常交往中的特定行為模式。研究發現，早期父母對孩子的教養方式影響孩子自尊的發展。

　　父母與孩子的情感交流要多使用「孩子，爸爸媽媽最愛你了！」這類積極的話語。若孩子長期處於這種寬鬆、民主的環境中，他們會比較自信，即使自身條件不是很好，也能合理地認知自己、評價自己、肯定自己，與他人交往時有主動性、積極性，自尊水準較高，能很好地與他人相處，獲得積極、健康的人際關係。

　　很多父母對孩子的進步和努力較少鼓勵，卻頻繁在孩子犯錯時貶低或懲罰他們，較多使用「你的成果全部歸功於你的運氣」這類否定的語氣，不關心孩子的感受，對他們的要求不予理睬，責備多、表揚少，誇大孩子的缺點，對優點、進步視而不見，或者當著外人的面揭孩子的短——「你看看你哪裡有姑姑家的孩子好」。這些行為易使孩子缺乏自信、膽小如鼠、受他人影響大、低自尊，無法對自己形成一個恰當的自我概念，對內向的孩子尤其不利，嚴重者甚至會出現人格異常。

有些父母對孩子要求嚴厲，甚至無緣無故地指責、打罵孩子，朝孩子發脾氣。那麼孩子就很容易內化和吸收父母對自己的懲罰、責罵和苛刻，進而也像父母那樣，對自己設定特別高的標準和要求。這樣，孩子在評價自己的成就和行為時，也往往看不到自己的成績，反而過分苛責自己不足的地方。如果他們達不到自己或他人的期待，就會產生明顯的自責感和罪惡感。這種孩子多表現出低自尊水準，還會產生一定的心理壓力。長大以後，他們很難走出童年心境的陰影，並把接受父母的評價轉向接受老師、同學以及其他權威的評價，無法形成主動的、積極的自我，有的則走向反面，破罐子破摔。

　　自我體驗針對的是主體我對客體我所持有的一種態度。通俗地說，自我體驗側重於運用自我設定的標準來對自我進行評價。但生活中少不了外界評價，外界對自己的思想、願望和個體行為的評判影響著自我概念的形成，從而形成自我評價。

　　我們生活中的父母、老師、朋友、鄰居等重要他人都會對自我評價帶來很大的影響。這時就要求成人對孩子的評價要實事求是，對孩子的行為表現予以關注，並給出恰當的回饋。

　　實際上，孩子就像是一個個小精靈，他們能夠感受到父母的愛，更能夠感受到來自父母對自己的喜愛，因此，在誇

獎時一定要注意不要與孩子的自我評價發生太大衝突。比如：在父母眼裡這個孩子做了一件十分值得稱讚的事，而孩子往往覺得這並沒什麼，但作為父母一方仍然需要說出你真實的想法和感受。比如：「媽媽覺得你這件事做得非常棒，可能你覺得這並沒有什麼，但媽媽依舊為你這樣做而感到開心。」

三、自我控制的發展

自我控制是指個體在沒有外界監督的情況下，適當地控制、調節自己的行為，以確保目標完成的一種綜合能力，它是意志力的重要表現。

關於自我控制，心理學界有一個非常經典的研究 —— 棉花糖實驗。這個實驗是史丹佛大學心理學教授華特・米歇爾（Walter Mischel）於 1966 年至 1970 年在幼稚園做的關於自制力的經典實驗。

實驗流程大致是這樣的，研究人員先把 10 個孩子帶進實驗室，並且分給每個孩子一顆棉花糖。然後，研究人員和孩子們說：「大家每個人手上都有一顆棉花糖，現在我要出去打個電話，如果誰能等我回來後再吃，將有機會得到兩顆棉花糖。」之後，研究人員便離開實驗室，並利用監控設備觀察孩子們的表現。

有的孩子看見研究人員離開，就迫不及待地把糖吃掉，好像瞬間忘記了研究人員的囑咐；有的孩子在猶豫著要不要吃，他們把糖拿起來，然後又放下，在「吃」與「不吃」間徘徊；有的孩子把糖拿起來舔了舔，咬掉了一小塊後又放下，想透過小小的技巧來隱瞞事實；還有的孩子利用玩玩具等方式將注意力從棉花糖上轉移。

研究發現，大多數孩子只堅持了不到 3 分鐘就放棄了，而大約有 30％的孩子卻能克服自身對棉花糖的渴望，選擇延遲滿足（deferred gratification）。心理學家採用縱向設計的方法來研究這些參與實驗的孩子，時間跨度直到他們高中畢業，以此來得到更有價值的發展心理學結果。

研究人員發現，在棉花糖實驗裡對糖果有不同處理方式的孩子在今後的表現也有所不同。能夠抵制住糖果誘惑的孩子，在未來的生活中具有更強的自我控制能力，能夠為了更遠大的目標抵制短期誘惑。相反，那些難以忍受誘惑的孩子，在青少年期就容易被短期誘惑所影響，欲望無法滿足就沒有足夠的精力完成其餘事情。

如今，實驗結果遭到了越來越多人的質疑。因為人們認為，在實驗過程中，研究人員並沒有排除家庭背景這一無關變數對實驗結果的影響。相同的誘惑對不同家庭條件的孩子來說，吸引力有所不同。家庭背景較好的孩子從出生起便伴

有豐富的物質資源，在日常生活中他們的需求通常可以得到
父母及時的回應。對於一般家庭環境的孩子來說，芭比娃娃
就是他們遙不可及的玩具了；而家庭環境較好的孩子，芭比
娃娃的吸引力顯然不如家裡的玩偶牆。

　　羅徹斯特大學教授西萊斯特‧基德（Celeste Kidd）做了
改良版的棉花糖實驗。在重複經典的棉花糖實驗之前，先將
孩子們隨機分成承諾組和非承諾組，讓他們和研究人員一起
畫畫，並使用以前用過的蠟筆。

　　實驗中研究人員會告訴孩子：「我們現在正在使用舊蠟
筆，你們可以等我去拿一些新的、更漂亮的蠟筆。」幾分鐘
後承諾組的研究人員拿著新蠟筆回來了；而非承諾組的研究
人員空手回來，和孩子們道歉：「對不起，我暫時沒有辦法
如約提供新蠟筆給你們。」

　　之後，相同的實驗過程再重複一次，這次承諾的不是蠟
筆，而是貼紙。同樣，承諾組的孩子如約得到了新貼紙，而
非承諾組的孩子只獲得了又一次的道歉。

　　兩次道歉之後，基德團隊再次引入了經典的棉花糖實
驗。結果發現，承諾組的孩子抵制短時誘惑的比例要遠遠高
於非承諾組的孩子。

　　重複實驗的結論告訴我們，當孩子處於一個長期信守承
諾的環境時，他們的自制力也會得到很好的發展，具體展現

為為了追求更優質的長期結果而抵制短期誘惑。反之，撒謊和失信行為在不知不覺中已慢慢地削弱了孩子的自制力，比如：非承諾組中研究人員的行為，可能導致孩子認為最終的獎勵不會獲得。

單純地讓孩子無止盡地等待或強行壓制欲望並不是延遲滿足的目的。實際上，延遲滿足能力是一種為了獲取好的結果而克服當前困難、獲得長遠利益的能力。比起父母採取冷漠的教育方式以抑制孩子追求欲望的本能，父母更需要反思自己讓孩子學會等待是為了什麼，自己有沒有在孩子等待後信守承諾，給予孩子他應得的獎勵。

父母是孩子第一任也是最重要的老師，反反覆覆的失信行為不僅削弱了父母在孩子心目中的權威形象，也削弱了孩子的自我控制能力。因此，為了孩子自制力的健康發展，父母對於孩子的承諾一定要慎重，也一定要做到信守承諾。

第七節
性別意識：原來我們不一樣

　　性別意識對個體心理發展的重要意義不言而喻。一般而言，男性和女性在生理上的特徵有較大不同，若存在性別意識偏差，發生性別認同障礙，拒絕接受自己的性別，則難以適應正常的社會生活，或者出現「異裝癖」。因此，在孩子的早期發展中，性別意識的建立是很重要的，本文將從以下幾個方面來介紹孩子性別意識的建立。

一、性別意識是什麼

　　性別意識是指個體對自身性別的正確認知。郭爾保（Lawrence Kohlberg）將孩子的性別意識劃分為 3 個階段。

* 性別認定（第一階段）：此時的孩子根據他人的外部特徵來判斷他人的性別。例如：他們會認為，留長頭髮的都是女孩。

＊ 性別固定（第二階段）：孩子的思維隨著年齡的增長，開始逐漸具有「守恆性」。男孩開始知道自己長大後將成為像爸爸一樣的「男人」；女孩開始知道自己長大後將成為像媽媽一樣的「女人」。

＊ 性別恆定（第三階段）：此時孩子發展了對性別角色的一致性認知，了解到哪怕一個人剪短了頭髮，她也有可能是女性。

　　孩子在 3 歲左右，就能對男孩和女孩各自適宜的行為與活動有了正確的認知。此後，隨著性別概念的深入，男孩和女孩就會根據的性別角色選擇符合自己的行為。

　　針對自我價值定向理論，有研究人員提出了性別助長的概念。我們先來解釋自我價值定向理論，該理論認為人是理性的、社會化的動物，人的理性思維尋求事物的理由。

　　基於此，人需要建立解釋周圍世界的理由體系並在其中找到自我和自我的意義。自我價值 —— 也就是自我的存在有價值，在個人的價值體系中處於基礎和核心地位，自我實際上是個體自身和整個世界的價值發生與詮釋的中心。換句話說，周圍世界一切事物的價值，甚至個體自身，必須與自我價值相連繫，個體才能獲得和理解事物的意義。比如：你喜歡蘋果，此時蘋果與你的自我價值相結合，蘋果的價值就轉化為你所喜愛的事物。

性別助長是指對於性意識發展達到成熟水準的個體，異性的存在會導致特殊行為頻率的增加；而性別意識尚未得到充分發展的青春期之前的孩子則不存在這種性別助長現象。例如：進入青春期的女性隨著性意識的萌發，其自我價值和自我判斷標準開始發生變化，這時認為「溫柔」、「文雅」的氣質更能得到大眾的讚揚，女性的柔美概念開始進入其自我價值定向系統。例如：在異性的注視下，女性說話和舉止變得更加溫柔。

二、性別雙性化

榮格（Carl Gustav Jung）提出了「阿尼瑪」（anima）和「阿尼姆斯」（animus）兩個概念來解釋人們心中的女性傾向與男性傾向。阿尼瑪是男性心中的女性意象，阿尼姆斯則為女性心中的男性意象。阿尼瑪和阿尼姆斯潛藏在人格面具之下，以虛無縹緲的形態陪伴人們的生活。

榮格認為，阿尼瑪是一個男性身上具有的少量女性特徵或是女性基因。那是在男性身上既不呈現也不消失的東西，它始終存在於男性身上，產生著使其女性化的作用。我們也可以將阿尼瑪理解為一種自然的原型，它時而貫穿你的情緒，時而又伴隨你的衝動表現出來。阿尼瑪是各種情感的混合體，而這些情感具有女性特徵，比如：模糊不清的感情和

情緒、預感性、容易接受感性的東西、對他人外貌喜愛的能力、沉迷於自然的感覺等。

與阿尼瑪類似，阿尼姆斯是女性心中的自然原型，還可以作為一個集體的男性形象。阿尼姆斯有正反兩面的形象，反面的阿尼姆斯形象有強盜、凶手和死神，正面的阿尼姆斯形象則可以給予女性事業心、勇氣、真摯，甚至能幫助女性找到屬於她自己的道路。

在東西方的文學作品中，存在著大量男性人物和女性人物人格特點的互補，甚至有部分極端展現著男性女性化的特質。日常生活中，性別混淆和中性化的現象越來越成為一種時尚。在亞洲國家中，具有俊美陰柔、溫柔體貼特徵的男明星和英姿颯爽的女性開始受到越來越多人的追捧。

從心理學的角度來看，中性化人格是一種複雜、融合的人格類型，即在一個人身上集男性特質和女性特質於一體。無論是文學藝術作品中作家有意識或無意識地將人物角色性別錯位，還是現實生活中廣泛存在的性別錯位現象，都顯示出了一種與現實對抗的姿態。也就是說，在這種看似反常和扭曲的性別觀念中，潛藏著的恰恰是被現實所遮蔽的健康的性別觀念。正是出於對社會文化建構的強制性的性別角色的對抗，也是出於對完整人性的追求，這種反常化的性別錯位現象就以對抗的姿態彰顯了人們潛意識中追求性別平等和兩

性和諧的需求。

　　從孩子出生開始，父母總是希望自己的孩子成為符合社會標準的男孩或女孩，從而壓抑阿尼瑪和阿尼姆斯兩種原型的發展。例如：不給男孩玩洋娃娃，不給女孩玩小汽車。男孩被強迫展示屬於男性陽剛、堅強一面的同時，本來屬於他心中的阿尼瑪就被無意識地壓制了，從而隱藏在一個角落裡。

　　我們也會看到一些表面上「大男子主義」的男性，其內心卻是十分柔弱的，很渴望被保護的。當外界的抑制過大從而使不平衡達到一定程度時，阿尼瑪原型就以極端的方式表現出來。例如：一個男性透過男性化的外表掩飾住內在「女性化」──過於喜歡女性化的物品，喜歡模仿女性的動作和語言。同樣，女性潛意識中的阿尼姆斯原型在不合理的壓制下也會以極端的方式表現出來。

三、孩子性意識的培養

　　性別角色的發展有兩個關鍵期：一是 2～3 歲的幼兒期；二是 11～18 歲的青春期。美國性資訊和性教育理事會主席瑪麗‧卡爾德龍（Mary Calderone）強調，5 歲以前是孩子性教育的關鍵期。現在有較多的聲音提倡及時對孩子進行早期性教育。很多人認為一度忽視對孩子的性教育會使孩子缺乏

相關的性知識，以至於一個又一個幼兒被性侵的悲劇發生。性教育的目的就是告訴孩子什麼是性行為，以及如何拒絕他人的不合理行為。

　　一般來說，女孩 3 歲以後，爸爸可能需要迴避與女兒一起洗澡的場景。3 歲之後，父母在與孩子的相處中也要開始逐漸形成界線，比如：在日常接觸中盡量避免觸碰敏感部位。當然也可以結合現在的網路平臺，讓孩子觀看關於性教育的影片，至少告訴孩子自己的哪些部位是他人不可以碰的，當有人執意如此時，一定要及時告訴父母並尋求周圍人的幫助。

▌四、做最堅固的後盾

　　如果這類不幸的事件真的發生了，父母應該怎麼做呢？在這裡我想讓大家首先了解孩子可能受到的性虐待有哪些形式。除了大家耳熟能詳的「猥褻」和「性侵」兩種形式，在現實生活中，還有很多性虐待行為一直為父母或教育工作者所忽視，但卻能對孩子造成不良影響。

（一）展示性相關事物

　　＊ 播放色情影片；

　　＊ 故意展露成人生殖器官；

　　＊ 當著孩子的面做與性相關的活動。

（二）孩子參與性行為

* 採取拍照、錄影或網路直播的方式記錄，被迫擺出性吸引姿勢；
* 鼓勵孩子偷看或偷聽他人的性行為過程；
* 偷看或逼迫孩子脫衣服或者上廁所的行為；
* 逼迫孩子進行自慰；
* 以不合理的親密行為去觸碰一個孩子，無論這時孩子是否穿著衣服；
* 用各種方式直接或間接觸碰孩子的生殖器官或隱私部位；
* 強迫孩子以任何方式發生性行為。

　　大多數孩子或許無法自如地和父母溝通這類難以啟齒的事情。那麼為了避免孩子出現類似情況，要進行及時的干預。英國反孩子性虐待網站曾列舉了一些特徵，說明當未成年人（兒童、青少年）在遭受到性虐待後，可能會出現這些異常表現。

（一）行為表現

* 睡眠問題頻發，比如：做噩夢、失眠和驚醒等；
* 時不時地發呆；
* 改變飲食習慣，比如：拒絕吃飯、食慾變化等；
* 吞咽困難；

* 與性有關的形象出現在他們的繪畫、寫作、玩耍或者夢裡；
* 突然開始變得有錢、有玩具或者禮物；
* 說有性意味的語言；
* 對日常脫衣服的行為有所抵制；
* 遊戲過程中暗含「性」。

（二）情緒表現

* 情緒波動劇烈，時而開心，時而憤怒、恐懼和不安；
* 害怕某些人或某些地方；
* 有恥辱感，覺得自己很髒、不是好孩子。

當孩子出現上述行為時，我們不能保證他一定遭受了性侵害，但父母有必要與孩子進行一定的溝通。在溝通的過程中，確保孩子處於一個安全和放鬆的環境下。比起用直觀的語言，我們可以採取「扮家家酒」這樣的遊戲，以及畫畫和講故事等方式幫助孩子表達。我們還可以尋求諮商心理師的幫助，或者利用心理測驗來發掘孩子隱藏的祕密，比如：主題統覺測驗（thematie apperception test, TAT）、羅夏克墨漬測驗（Rorschach inkblot test, RIT）等。父母在談話過程中也不要總是質問孩子：「你是不是做了什麼，對方才會這樣對你？」要學會積極地傾聽，給予孩子更多的表達空間，讓孩子相信你是值得信任的。

第三章

行為的塑造：讀懂孩子的行為

第一節
遊戲：親子溝通的藝術

　　研究認為，遊戲具有以下含義：遊戲是由內部動機驅動而不是由諸如飢餓、他人讚賞等外部動機所支配的活動；遊戲是自發產生的，不會受到外部狀態和自我設定的影響；遊戲與探索活動不同，遊戲傾向於了解事物的作用，而探索活動主要關注事物是什麼，其次才是事物的作用；遊戲有屬於自己的一套規則，不受外部規則的約束；遊戲中的主體是積極參與的。

　　遊戲在孩子的生活中發揮著不可缺少的作用，我們可以藉助遊戲來吸引孩子的注意力。如今，有很多孩子是獨生子女，遊戲可以為他們提供寶貴的社會交往經驗和豐富的語言表達機會。遊戲過程中不可少的分享、合作以及發生爭執後的應對過程都可以幫助孩子擺脫思維上的「自我中心」，令其社會化程度得到有效發展。在和同儕一起玩耍的過程中，孩子逐漸學會如何用語言表達自己，逐漸豐富自己的詞彙量。

　　精神分析學派的代表人物佛洛伊德提出人們可以透過遊戲實現現實生活中難以實現的願望，在遊戲中扮演現實社會準則中不能接受的角色，來發洩欲望和衝動。比如：孩子可以透過扮演奧特曼來滿足自己「除惡揚善」的追求，還可以透過模擬開賽車的場景來滿足自己對速度和刺激感的渴望。而且在遊戲過程中，孩子透過動手擺弄、拆卸和組裝玩具，不僅鍛鍊了手部的精細動作，還了解認識了更多新事物，並開發了物品的種種用途，思維的發展得以促進。

一、假裝遊戲

　　我想問問各位讀者是否見過孩子自言自語，對著空氣說話還不亦樂乎的現象呢？有些父母在目睹這類現象後，開始擔心自己的孩子是不是有自閉症，或者是不是一直活在一種虛幻的世界裡。父母不必太過擔心，這只是孩子在玩「假裝遊戲」而已。假裝遊戲是指孩子在遊戲過程中需要利用一個現實中的事物來代表另一個事物或者賦予其新的特徵，或者構想出一個現實世界中不存在的事物。會玩假裝遊戲意味著孩子開始具備概念化的能力。

　　孩子在玩假裝遊戲時，常常需要扮演角色，這就意味著孩子開始認識除了自己以外的其他角色，有利於思維上的去自我中心。孩子在遊戲中需要扮演某個特定的角色，在遊戲

後需要及時地脫離角色，回到現實生活中的身分去，這也有助於孩子思維「可逆性」的發展。比如：有些孩子在玩耍中喜歡扮演諸如「困在城堡裡的公主」、「前來拯救的王子」等童話故事中的角色，這就需要孩子的腦海中要設計好一個故事，將實際生活的環境條件和生動有趣的故事情節相結合，並對故事的發展有一定的控制。隨著孩子這方面理解能力的增強，他們在以後會更容易理解生澀的概念，也更懂人性。

假裝遊戲要求孩子體會不同的角色，去模仿某個角色的語調、姿勢和表情等，從他人的角度看世界、理解世界。這類遊戲可以讓孩子了解更多人內心的想法和動機，有利於孩子觀點選取、採納能力的發展，在今後的社交中更融洽地與同齡人相處。

一般而言，孩子的假裝遊戲往往是以身邊的事物為中心的。例如：原來不會彈鋼琴的孩子看見鋼琴就會開始想像自己是一名優秀的鋼琴家。父母陪孩子一起玩假裝遊戲時，不妨引導孩子從身邊常見的事物開始展開想像：「孩子，看見醫藥箱你能想到什麼呀？」孩子玩假裝遊戲時想像出的情節常常出自生活，正是在日常生活中目睹了父母照料自己的場景才會假裝自己是「媽媽」、「爸爸」或「孩子」。為了更好地發展孩子的思維，父母在日常生活中不妨多引導孩子認識各式各樣的角色，比如：「芭蕾舞演員每天表演完以後需要

做什麼呢？」、「警察叔叔為什麼能不怕危險地抓小偷？」

透過增加對角色社會性行為的解釋，加深孩子對角色的理解。年齡較小的孩子在扮演角色的過程中常常會因注意力轉移而中斷，父母可以在讀故事書時，引導孩子與自己一起扮演某些角色，主動參與到孩子的假裝遊戲中，豐富與孩子的互動。

二、非結構化遊戲

不少讀者看到這不免一頭霧水，非結構化遊戲是什麼？非結構化遊戲也就是無組織遊戲，像孩子特別喜歡的「你追我跑」的追逐遊戲就是其中一類，「小打小鬧」的混戰遊戲也是其中一類。非結構化遊戲沒有各種規範約束，只要跟隨自己的想法和知覺，就能從中體會到快樂。具體來說，非結構化遊戲的特點大致有離地（遊戲中可以蹦蹦跳跳）、速度（飛快奔馳）、無固定的遊戲場所（遊戲的發生地沒有任何局限）和混亂（同伴眾多）等。

美國兒科學會和加拿大公共衛生協會都曾鼓勵孩子參加非結構化遊戲，這不僅是孩子的權利，還是孩子和青少年健康與福祉的重要組成部分。在玩耍過程中，孩子可以了解自己身體，如「我可以跳兩級樓梯」、「我在我的朋友中是跑得最快的」，從而更好地運用自己的身體。之前我們提到體適

能訓練時說到不建議學齡前孩子進行特定的運動項目，以避免重複的動作對孩子的身體造成損傷，那麼非結構化遊戲就是一種非常好的鍛鍊身體肌群、骨骼和心血管的遊戲。

三、沙盤遊戲

在這裡，我要分享一個心理諮商常用的遊戲──沙盤遊戲（sandplay）。

沙盤遊戲，顧名思義包括沙、盤和遊戲。利用孩子愛玩的天性和對沙的天生熱愛，在無意識間表露出自己的內心。沙盤遊戲可以消除來訪者與諮商師之間的隔閡，利用緩衝、投射、隱喻的方式來表達自己。來訪者可以根據自己當下的體驗，運用各種不同類型的微縮模具搭建一個能反應自己內心活動的、獨一無二的心理沙盤作品。然後，諮商師會透過專業的視角來分析解讀這一沙盤作品，讀懂孩子的內心，並有針對性地對來訪者進行心理輔導與治療。

沙盤遊戲對孩子的情緒宣洩、內心世界的表達以及心靈的自我效能療癒和成長有極大的幫助，對過動、注意力不集中、具有攻擊性、退縮不自信的孩子具有很好的療癒效果。同時，由於沙盤遊戲非言語性的特點，對語言能力障礙及自閉症的孩子也有顯著效果。

如果在親子互動的情景下加入沙盤遊戲，則更能反映最

真實、最本質的關係現狀和溝通模式，更能暴露很多親子間可能都沒有意識到的問題。這樣在諮商師的解讀下，他們的關係可以得到更好的發展，家庭互動模式也更能照顧到每一個人。比如：孩子在沙盤上將動物和車都朝同一個方向，並排好隊，這可能說明在孩子心中需要確定的規則帶來安全感。不夠自由、做事一板一眼，可能會導致其在同儕交往中覺得同儕不容易配合；以權威為主導，會使孩子產生內心焦慮和矛盾衝突。如果孩子在沙盤上放置了用帳篷和圍牆打造的牢房，關押著犯人，旁邊有獄警在監管。暗示著孩子最近有因為「錯誤行為」而被責備的情況，因為遭受懲罰感到有壓力、情緒低落，需要父母和老師的關心與疏導。一般來說，當沙盤中的角色顯得孤立，失去了應有的陪伴，比如：沙盤中一個孩子被放在高高的椅子上，而媽媽卻在隔壁的房間裡睡覺，此時沙盤中所呈現的為被忽視的感覺。

　　如果父母想更清楚地了解自己與孩子的關係，想與孩子保持一段健康親密的關係，或者發掘多子女家庭裡孩子的心態，就都可以透過參與沙盤遊戲來尋找答案。

第二節
攻擊：動不動就打人怎麼辦

一、嬰兒期攻擊性行為

在心理學中，攻擊性行為最根本的特徵是有意傷害性。在幼稚園中，我們發現孩子在興奮時會撞倒同學，為了與人玩耍出現了用東西砸人的行為。雖然孩子並非有意傷害，但侵犯了他人的身體健康，造成對方不愉快的心情，同樣需要教育引導。

在佛洛伊德看來，人天生有兩種本能，即生的本能和死的本能。孩子的攻擊性行為是死的本能 —— 自我毀滅的本能從內部轉向外部。德國著名的心理學行為治療師安妮特‧卡斯特尚（Annette Kast-Zahn）認為，攻擊性行為的產生是因為孩子想弄清楚他們到底有多少權力與影響力，專業名詞叫做「攻擊性社會探索」。孩子透過攻擊性行為，如拍打、咬人、踢人等，來探索自己的影響力在所處的社會領域裡能到

達多遠，能在誰的身上發揮什麼效應。

加拿大暴力行為研究學者理查德‧特蘭姆雷（Richard E. Tremblay）認為，最容易透過憤怒表達自己的情緒和攻擊意識的年齡是在 2 歲左右，處於這個年齡階段的孩子的叛逆行為比起青春期男孩和女孩，有過之而無不及。他還提出人的攻擊本能從出生開始就伴隨了，毫不誇張地說，當我們在呼吸第一口空氣時，就已經有感受憤怒的能力了。比如：一個 4 個月大的孩子就已經有表達憤怒的能力了，他們會哭、會鬧、會尖叫。等他們隨著身體的發育能靈活控制肢體時，孩子踢或咬的頻率明顯增多。在研究人員的觀察下，2 歲的孩子在每做 4 個動作時就暗含著一個具有攻擊意義的動作，他們已經很擅長用發脾氣的方式來表達自己的不滿，並且他們的攻擊水準已經到達巔峰。到 3 歲時，成人的許多動作，孩子都有能力做了，但他們的暴力行為出現頻率反而開始下降。

雖然孩子與成人力量的懸殊使得孩子的攻擊性行為不足以對成人造成嚴重傷害，但如果父母不重視這個問題，或者沒有及時改正孩子的不良行為，就極有可能會對其未來在社會的關係中帶來不好的影響。

根據上述觀點，孩子的攻擊性行為或許只是孩子接觸社會的一種表現。什麼時候，天使般的孩子會暴露出惡魔的面

孔呢？有時，父母在和孩子相處中，會出現情緒情感表達不當的情況，他們會用拍打的方式代表對孩子的喜愛。這樣孩子就會習得這種互動方式，當孩子在活動受阻時（與知覺、體驗、人際交往相連繫的活動等），他們會因為感到不滿而憤怒，並出現抓人等現象。嬰幼兒期實際上存在一種「非典型性」攻擊性行為，即孩子的攻擊表現既不具備工具性（希望透過欺負對方達到某一目的），也不具備敵意性（希望給他人帶來實質性傷害）。他們其實都在表達自己的情緒，或許是開心的情緒，但卻未意識到傳遞給他人的並非快樂；或許是生氣的情緒，但卻未意識到傳遞給他人的不是拒絕而是傷害。

因此，我們發現孩子不僅在感到憤怒時會表現出侵犯行為，在想表達愉悅情緒的同時，也會有侵犯行為的發生，這代表孩子無法像成人一樣用正確的方式表達情緒。比如：一個孩子在上幼稚園前就喜歡打爸爸的耳光或者扔東西給爸爸，爸爸反而感到很開心，以為孩子特別活潑，在鬧著玩。進入幼稚園後，這個孩子會因為興奮而在跳舞時用力抱住其他的孩子，甚至摔倒了他人。還會因為過於熱情地打招呼而把他人拍痛。之後，老師和父母都意識到了問題的嚴重性。由父母帶領孩子向被打的孩子道歉，形成正確的是非觀。跳舞時，老師拉著他的手，免得他因為興奮而傷害了其他小朋

友。父母在家合理教導孩子正確的情緒表達，適當批評孩子的攻擊性行為。

這個階段的孩子還處於以自我為中心的認知階段。「以自我為中心」是指孩子無法區別自己的觀點和他人的觀點，無法區別自己的活動和他人的活動，把一切都看作與自己有關，是自己的一部分。換句話說，在孩子眼中「我」是世界的中心，大家都是「我」的配角，「我」是這個世界舞臺的主角。「以自我為中心」不是缺點，而是這一年齡階段孩子的特點，父母需要正確接納，但這一階段的孩子在進入幼稚園後容易發生頻繁的攻擊現象。比如：兩個孩子互相爭搶玩具，因為在他們心裡永遠都是自己最重要。在孩子心中，所有玩具都是自己的，不存在「讓」、「借」這樣的概念。

不了解孩子「以自我為中心」的年齡特點的成人往往會把這樣的行為定義為「小氣」、「不會分享」，因此我們要理解和正確面對他們為自己爭取利益的方式。老師在幼稚園要仔細觀察並及時介入，畢竟攻擊性行為的發生不可預料，其結果也難以預測。比如：當看到孩子做出攻擊性行為的預備動作時，舉起了手或準備張口咬人時，老師要馬上採取措施，可以採用將其抱走或語言提醒的方式。只要老師的措施提前於孩子攻擊性行為的發生，攻擊性行為後果就會減輕或消失。而且長此以往，孩子也會形成一定的條件反射，攻擊

後會受到老師的教育。有些孩子在多次意圖攻擊時受到老師善意的提醒後，下次再想去攻擊他人時，會下意識地看看老師，並停止攻擊。

　　無論在家中還是在學校，父母和老師都要引導孩子學會分享、表達友好，比如：父母樹立愛分享的形象。這些正面的教育都會讓孩子逐步擺脫以自我為中心，逐步學會分享帶來的快樂。

　　動作先於表達。2 歲左右的孩子正處於理解語言和積極發展語言活動的階段，即孩子開始有能力去理解和讀懂成人的語言，但是他們自己的語言表達能力發展還比較緩慢。當處在這一階段時，孩子已經開始掌握具有一定概括性意義的詞語，比如：「餓了」、「飽了」。但是如果成人沒有對孩子加以有意識的影響，孩子無法很快地掌握詞語，其表達能力的發展速度也會減慢，導致孩子無法用語言表達自己的意願，因此只能用亂動、抓人、撞人等身體動作表達自己的想法或者防止他人侵犯自己的利益。

　　語言能力的缺乏使孩子只能採取動作，但這動作常常與成人對該動作的認知相左。為此，我們可以做的是強化孩子的是非觀。孩子的記憶力不強，特別是對不感興趣的事情做過或說過就忘，會出現「虛心接受，屢教不改」的現象。成人不能怕麻煩，而要反覆強調，告訴孩子打人是不對的，沒

有人會喜歡愛打人的小朋友。在這種反覆強調下，孩子就會記得越來越牢固，也能及時調整自己的行為，並且能樹立正確的價值觀。

父母和老師還要明白的是，孩子頻繁採取攻擊性行為，是因為他不知道遇到矛盾該怎麼解決，特別是不太會說話的孩子，他和他人的交流方式就是靠肢體語言。所以，對待這樣的孩子當務之急是教會其說話，而不是講大道理。因此，老師要經常利用各種機會讓他開口，學習正確的社交方式。當這些孩子能用交流的方式滿足自己的需求後，攻擊性行為也會隨之大大減少。

二、幼兒期攻擊性行為

等孩子進入幼兒期後，攻擊性行為與嬰兒期相比又有所不同。具體表現為語言攻擊和身體攻擊並存，而語言攻擊逐步成為主要攻擊方式。

除這兩種方式外，關係攻擊逐步表現出來，即利用人際關係網實施以破壞人際關係為目的的攻擊。例如：幼兒會拉攏要好的朋友，以小團體形式說服他人排斥某個幼兒，或用誇大的事實向老師告狀，期待某個不喜歡的幼兒受到責備等。而幼兒期攻擊性行為的頻率相較於嬰兒期又有所減弱，這一階段的攻擊性行為背後有著更多的心理原因和社會文化原因。

（一）缺乏相應的交往技能

　　幼兒期、青少年期乃至成年期出現攻擊性甚至暴力行為基本都產生於交際問題，這被稱為「人際適應不良」。研究人員提出，孩子比較缺乏好的解決策略來處理人際矛盾和人際衝突，如果從小缺乏與他人交流的經驗，往往就不會採取恰當的方式來解決人際矛盾和衝突，反而憑藉自身的身體優勢來解決，而這往往會導致與同儕之間關係緊張、爭執不斷。如果是性格比較急躁的孩子，則更容易造成罵人、打人等不良後果。比如：他人因好心主動幫助幼兒收拾桌子，而幼兒因喜歡自己的事自己做，兩者便發生了爭執。這時，老師或父母要及時介入，幫助幼兒進行換位思考，引導幼兒從自我中心的意識圈中走出來。老師和父母需要營造一個謙讓、協商、合作的集體氛圍。

　　強化幼兒良好的交往態度，教給幼兒有效的交往方式，是減少矛盾和攻擊性行為的最好辦法，往往事半功倍。老師可以透過表揚相互協商、會謙讓的幼兒，使良好的合作方式為大家肯定、接受。

（二）源自不信任或錯誤歸因

　　人們總傾向於給自己的行為找原因，幼兒也不例外。幼兒在遭受挫折後，往往會將原因歸結於他人，進而做出報復

性攻擊。如果是攻擊性較強的幼兒，則對他人行為的意圖誤會的程度也就更深，會做出敵意性歸因（hostile attribution bias, HAB），導致不良的後果發生。而如果幼兒認為有合理的動機來解釋他人對自己造成的不良後果時，一般會傾向於降低攻擊性動機。面對這種情況，首先，老師要分別站在攻擊者和被攻擊者雙方的角度進行傾聽，並藉助旁觀者的陳述了解事件的前因後果，再進行判斷。其次，老師要讓幼兒再次審視事件的發生發展，引導其用比較冷靜、客觀的態度分析自己的行為。

正確歸因能幫助幼兒客觀認知自己處理方式的性質，許多幼兒在攻擊他人後還會蓄意貶低對方，他們的理由就是因為對方的不好從而迫使自己出手，使自己相信受害者是可憎的，在心理上找到對自己行為的認同感。在教育過程中，我們往往會聽到攻擊者理直氣壯地說：「我是打了他（她），那是××（被攻擊者）不好。」再問：「那這件事裡，你有沒有不好的地方？」「我也有不好，但那是因為××（被攻擊者）先（更）不好。」這時，老師如何引導攻擊者正確歸因，幫助幼兒發現自己的不足，特別是從錯誤歸因中發現問題，是很需要教育技巧的。

除了上述比較直觀的身體攻擊性行為，幼兒期表現出來的關係攻擊尤為值得重視。在幼稚園裡，中班、大班的幼兒

開始更頻繁地出現語言攻擊和關係攻擊，他們形成了相對穩定的興趣、個性，也有了比較固定的交友圈，一旦有其不認可的同伴或事件加入進來，就會出現排斥動作，伴隨告狀、罵人、取外號等關係攻擊性行為，而且以女孩居多。老師應認真傾聽，理解事情的原委，畢竟善於使用語言攻擊的人表達能力比較強，巧言令色，總會向自己有利的方面解釋。老師站在旁觀者的角度時，需要對幼兒進行客觀評價，特別是在發現幼兒有編造、誇大或隱瞞事實等現象發生時，不要第一時間指責他們，或者給他們貼上「壞孩子」的標籤，而是要耐心說服，讓幼兒重新審視事件，並意識到誠實的重要性。

（三）挫折經歷

心理學最早關於攻擊的理論就是挫折－侵犯理論，朵拉德（John Dollard）和米勒（Neal E. Miller）認為，「侵犯行為的發生，總是以挫折的存在為條件」。之後的觀點認為遭受挫折不一定會產生攻擊性行為，但攻擊性行為產生的重要原因之一就是遭受了挫折。

幼兒經歷的生活經驗逐漸豐富，交往面日益擴大，帶來的不如意也會隨之增加，從而導致頻繁的攻擊性行為。比如：和同學下棋輸了，就開始握緊拳頭，大喘粗氣。佛洛伊

德提出應該鼓勵人們以合適的方式表達自己攻擊的願望，否
則侵犯性精神能量這一常數積聚到一定水準就會觸發暴力性
發洩。我們可以引導孩子進行合理宣洩，用被允許的恰當方
式去表達和宣洩情緒。如站在山頂上大聲地將不滿喊出來，
在操場上肆意奔跑，躲在隱祕的角落裡痛快地哭一場，參加
運動量大的活動等。有些幼兒特別是男孩精力充沛、無處宣
洩時就會以攻擊取樂，成人要因勢利導，讓其多參加各類體
育活動，並增加一定的難度，如跳遠、跳繩、攀登等具備一
定技巧和挑戰性的運動，無形中釋放了體力、精力，並作為
運動健將的形象在集體中樹立起正面榜樣。

（四）企圖引起他人的注意

現代有許多獨生子女家庭，在這種家庭中，孩子通常會
受到包括父母、祖父母和外祖父母的百般呵護，處於家庭的
中心。而當孩子進入集體後，會發現得不到如此多的注意和
關心。為此，孩子只能用各種方法引起老師的注意，攻擊性
行為就是其中的一種。針對這種現象，我們可以透過「家校
合作」的方式來解決。在家，父母應適當降低對孩子的注
意，讓孩子學會支配自己的時間，學會與自己玩耍。在幼稚
園，老師應該增加孩子表現的機會，比如：讓孩子表演彈鋼
琴、講故事等，滿足孩子需要被在意的心理。

（五）模仿

　　班度拉提出的觀察學習，是指人們僅僅透過觀察他人，尤其是榜樣的行為及其結果就能學會某種複雜行為。長期生活在有暴力行為的家庭中的孩子，更容易產生攻擊性行為。電視媒體上的攻擊性行為、暴力畫面也會是孩子模仿的來源。

第三節
說謊：我的鼻子真的會變長嗎

一、說謊行為表現

　　雖然父母和老師會因為孩子的說謊行為而急得直跺腳，可是說謊這件事貫穿我們生活的各個層面，甚至可以認為說謊是我們社會化的一個重要過程。

　　皮亞傑對於「孩子的道德判斷」的經典研究，可以說是後續關於孩子說謊研究的理論基礎。在關於孩子說謊的概念研究中，為了探討孩子對說謊的認知，他直接問孩子什麼是說謊，結果發現，孩子的說謊行為表現出一種系統的發展趨勢。在年齡比較小的孩子看來，罵人、說髒話等行為都是說謊；一直到兒童晚期，他們也僅僅把一個與事實不符的論調，如「1＋1＝3」看成是說謊，他們還不了解什麼才是真正的說謊；到了 10 歲以後，孩子在對說謊的認知中才開始考慮說謊者的動機。

（一）3～5歲

　　當孩子處於這個年齡階段，他們還無法真正理解說謊的概念。有研究結果顯示，哪怕僅僅只有2歲的孩子，也已經具備了說謊和欺騙的能力。但更多的結果顯示，3歲以前的孩子只具備自發說謊的能力，對說謊的認知是雜亂無章的。我們可以把這一階段當作說謊的第一級水準，比如：當詢問孩子桌子上的糖果怎麼不見了，他們更多的情況是會回答不知道或者否認。因此處於這一水準的孩子只是想透過說謊來影響他人的行為，獲取自己一定的利益，但還不會考慮他人會想什麼，也不會想到是否會對他人造成錯誤信念。4歲以上的孩子不僅可以有目的、有規劃地說謊，還能自圓其說，隱藏自己的說謊行為。此時，他們會像編故事一樣合理解釋自己的行為，面對同樣的問題，這個年齡階段的孩子會回答「鄰居張叔叔的女兒拿走了」。可見，孩子說謊行為的發展是一個非常迅速的過程，說謊的方式也會逐漸成熟。並且孩子關於說謊的認知有一系列的變化過程，而不是像成人一樣能迅速判斷說謊的意圖和說謊的結果。

　　還有一點需要特別注意的是，我們常常會聽到這個年齡階段的孩子說一些天真爛漫的話。比如：在他們的眼裡，超人會來拯救世界，我們可以和小兔子一起玩耍等。這是因為這個年齡階段的孩子正處於想像力非常豐富的時期，他們的

腦海裡有自己的「想像朋友」。他們還分不清真實與幻想的區別，所以往往會透過說謊或者瞎編故事的方式來證明他們腦海中想像的人或事是現實世界中存在的。有時孩子說出的虛幻的話背後隱藏著自己的嚮往，比如：他們可能和他人說自己去過迪士尼樂園，可是實際上並沒有，那是因為他們充滿對迪士尼樂園的嚮往。

那麼父母應該怎麼做才更有利於孩子的成長呢？當孩子說了一些摸不著頭腦的話後，父母即使覺得很荒誕，也不要立刻給孩子貼標籤，不要擔心孩子的道德發展水準，更不能急於批評和指責孩子。也就是說，父母不要以大人的步伐走進孩子的世界，不要用大人的話語刺破孩子的純真幻想。我們可以暫時順著他們的思維，或者時不時地給予他們一些實際的提示物，引導孩子基於現實的物體或事情展開想像，讓他們在屬於自己的美好的想像世界裡快樂成長。

（二）6～8歲

根據郭爾保的道德發展階段理論，處於這個年齡階段的孩子主要關注是否能避開懲罰，贏得獎勵。這個年齡的孩子已經開始具有社交能力，並且能夠清楚地表達自己。當他們知道自己的某些行為是不對的，可能導致父母傷心或者會讓父母失望時，就會用謊言來討好父母，以彌補自己的錯誤。尤其是當兄弟姐妹或者一群同齡人在場時，孩子也會為了維

護自己的自尊心而想要避免遭受懲罰。或者是在孩子可以從表情中看出父母即將暴怒、局面開始不受控制時，他們會基於所謂的「求生本能」—— 擔憂被權威人物批評，來說一些日後很難自圓其說的謊言，只為暫時度過眼前的危機。

　　首先，父母可以試著理解孩子撒謊的前因後果。相信孩子的所作所為是出於善意，理解孩子這麼做的原因。父母最好用恰當的方式讓孩子自行承認自己是否說謊了，幫助他們理解自己說謊的原因。比如：可以和孩子一起閉上眼睛後說：「我想知道是誰剛剛吃了糖果，希望這個小朋友可以牽下我的手。」如果只是初犯，父母需要做的是引導孩子自行思考自己的行為會帶來什麼樣的後果。父母千萬不要因為孩子的一次謊言就給孩子貼上「壞孩子」的標籤，進而形成刻板印象。父母千萬不要冷落或者怒氣沖天地指責孩子，這是因為這個年齡階段的孩子，道德感才剛剛形成，撒謊被揭穿這件事本身就會讓他們感到愧疚，而自己父母的冷落和指責，更會加重這種愧疚感。其次，還需要告訴孩子：「誰都會犯錯，知錯能改才是關鍵，父母不會因為你的一次錯誤而不愛你。」勇敢表達自己對孩子的愛，使孩子有充足的安全感，讓他們知道父母的愛不會因為他們的過錯而減少。

（三）9～12歲

逐步邁入青春期的孩子，也就進入了皮亞傑認知發展理論的自律道德階段（第四章會詳細說明）。在這個階段的孩子會有自己的標準，是非觀還會隨著問題情景的改變而改變。

青春期的孩子，面臨的最大衝突就是在玩耍和讀書之間，比如：明明是在讀書時間偷偷玩手機，卻理直氣壯地說自己一直在讀書，明明是在偷偷看課外書，卻和父母信誓旦旦地說自己把作業完成了。該年齡階段的孩子主要表現為因不願意服從父母或者減少爭吵而說謊。因為在他們的日常生活中，父母只會允許他們認可的事情 —— 有些事可以說，有些事得到的可能是拒絕。而這個年齡階段孩子的道德認知和父母不一樣，因此常常發生衝突。在孩子的心中，讀書並不是一件很重要的事，成績也不能證明什麼，因此孩子因為不想寫作業、想出去和朋友玩，就會用說謊的方式來避免待在家中。

建議父母可以透過談心來了解真正的原因，比如：壓力過大、對無法掌控某種情況的焦慮感，也有可能只是孩子為了避免與父母溝通，而發現說謊是個省時省力的辦法。對於這個年齡階段的孩子，父母可以適當用對待成人的方式和孩子溝通，不要再把他們當作不懂事的孩子，跟他們分析說謊

會讓自己變成一個沒有信任感的人。這看似是一件小事，但極有可能為此付出超乎想像的代價。如果是因為讀書壓力過大，那麼我們可以一起好好協商讀書與娛樂的時間。最重要的是，與孩子就在某個年齡階段什麼才是最重要的這一問題達成共識。如果孩子長期都使用這類謊言，父母就可以採取一定的懲罰措施。

▎二、善意的謊言

在生活中，我猜想大家或多或少說過一些善意的謊言。在與孩子的相處過程中，父母也會有些善意的謊言。比如：關心爸爸的孩子不願意讓爸爸多喝酒便出手阻攔，那麼爸爸可能會說：「這是可樂啊，不是紅酒呀！」2012 年，《國際心理學期刊》（*International Journal of Psychology*）有一項關於美國父母和中國父母說善意的謊言的跨文化調查。研究結果顯示，美國父母說善意的謊言的比例高達 84%，而中國父母說善意的謊言的比例高達 98%。雖然事實就擺在眼前，但大部分父母卻依然覺得自己這樣做是為孩子好，適當說一些善意的謊言無傷大雅。然而觀察學習理論顯示，人們僅僅透過觀察他人（榜樣）的行為及其結果就能學會某種複雜行為，父母所謂的善意的謊言是否會因此教會孩子撒謊呢？

先讓我們明確什麼是善意的謊言。心理學家根據不同的

標準對謊言有不同的分類方式，當前比較認可的是將謊言區分為「白謊」和「黑謊」。白謊是利他性謊言，主要是指以保護他人免受傷害為動機而編造出來的假話；反之，黑謊是利己性謊言，主要是指以謀取利益為主而編造出來的假話。父母要明確自己所說的究竟是為了逃避責任的黑謊還是「善意的謊言」──白謊。

舉例來說，父母向孩子承諾考試考到第幾名就帶孩子去迪士尼樂園玩，實際上父母壓根沒有這項旅遊規劃，這純粹是為了父母自身利益的黑謊。而白謊則更多具有善意的出發點，如父母對孩子所送的簡陋手工禮物表示喜歡。父母為了替孩子樹立優良的榜樣形象，在日常生活中應該盡量避免撒黑謊，這樣可以從小培養孩子養成誠信的品格，當黑謊這種不可能實現的謊言被揭穿時，孩子會怨恨父母，覺得父母人格有問題，所以從內心開始輕視父母，這也是孩子未來會變得叛逆的導火線。

那麼白謊真的是百利而無一害嗎？並不是。有時父母為了便於管教會和孩子說「你再不聽話，警察叔叔就要過來抓你了」、「你是從垃圾桶裡撿回來的」這樣的話。父母肯定是覺得這些話不會對孩子造成嚴重的心理傷害，才會時常把白謊掛在嘴邊。但實際情況是，很多孩子會因此而感到極度恐懼，畢竟父母就是最權威、最值得信任的人，他們一定不會

騙自己。因此他們很難有安全感，常常覺得周圍環境不太安全，甚至還可能會變得更黏父母。所以說，父母在說白謊時需要注意自己的表達方式。

心理學中有一個羅森塔爾效應（Rosenthal effect），又叫做「比馬龍效應」（Pygmalion effect）、「期待效應」。這個效應是由美國著名心理學家羅森塔爾（Robert Rosenthal）和雅各布森（Lenore Jacobson）提出的，他們在某所小學開學時對一位老師說：「根據一項測驗，這個班級中有 1/3 的學生會在將來取得非常大的成就。」可是實際上並沒有這個測驗，這 1/3 的學生也是被隨機指定的。學期結束後，我們驚喜地發現這 1/3 的學生的成績得到了顯著進步。

這個實驗告訴我們，我們總是會根據他人對我們的評價或期待而認知自己，並且努力使事態的發展符合他人對我們的評價或期待。雖然父母為了孩子的良性成長而選擇撒白謊，但在各種外界因素的影響下，父母也不可避免地對孩子的能力有所懷疑。比如：老師對父母說你們的孩子在功課上有點吃力。而為了維護孩子的信心，父母會對孩子說老師覺得你表現得很好。可是父母多多少少會受到老師權威的影響而開始質疑孩子的能力，根據羅森塔爾效應，無論是消極還是積極的期望，均會無意識地表露在你的言行舉止中，最終導致期望的發生。建議父母在撒白謊的同時不斷培養自己對

孩子的積極期望，以使得白謊能真正發揮作用。

　　父母常常會疑惑善意的謊言該教給孩子嗎？如果父母執意教孩子什麼是善意的謊言，往往會導致孩子學會了撒謊。因為對幼小的孩子來說，善意的謊言過於抽象以致難以理解其真實的含義。人類的神經細胞內有和鏡子功能類似的神經細胞，被稱為「鏡像神經元」，這是使我們的祖先逐步脫離猿類的「功臣」之一。它的功能正是記錄他人的行為，並協助人們學會從簡單模仿發展到更複雜的模仿，由此逐漸發展了語言、音樂、藝術、使用工具等。

　　因此，在父母的言傳身教下，孩子也會逐漸學會什麼是善意的謊言，什麼謊言又是會傷害人的，逐漸養成與人為善的性格。

第四節
注意力：專注到底有多難

　　注意是心理活動對一定對象的指向和集中，是伴隨著感知覺、記憶、思維、想像等心理過程的一種共同的心理特徵。

　　孩子注意持續時間隨著年齡的增長而增加，在 0 ～ 6 歲孩子的注意以非自主注意為主，此時孩子的注意容易受到新奇刺激物的吸引，強烈的聲響、鮮豔的顏色以及突然出現的物體都可以輕易地引起孩子的注意。因此，我們在孩子書桌上應該盡量減少多餘和雜亂物品的擺放。在他們的視野範圍內，應該多布置一些與學習有關的東西，一個簡單的空間可以大大減少對孩子注意的干擾。

　　隨著孩子生活經驗的累積，他們出現對一定事物的視覺偏好，他們傾向於注意複雜、不規則的曲線，如人的面孔等。孩子的一次性注意的對象為 2 ～ 3 個，若注意對象按規律排序時，孩子的注意範圍會增大。注意分配是指把注意指

向兩個以上的對象，同時參與幾種不同活動的現象。雖然「一心二用」的情況在成人身上很多見，但孩子並不存在分配注意的能力，只有在後期的生活中逐漸發展。

一、分心

經常有父母得到老師這樣的回饋——「孩子在學校不認真聽講，經常在底下碎動」、「他上課經常看窗外或者和同學聊天」……在判斷孩子是不是分心前，我們先了解下不同年齡階段孩子的注意力持續時間。0 ～ 1 歲的孩子注意力持續時間平均值為 15 秒；1 ～ 1.5 歲的孩子注意力持續時間平均值延長至 5 分鐘；1.5 ～ 2 歲的孩子注意力持續時間可以維持到 7 分鐘；2 ～ 3 歲的孩子注意力持續時間可以達到 9 分鐘；等到了 7 歲，孩子的注意力持續時間可以達到 20 分鐘；而 12 歲左右的孩子注意力持續時間可以達到 30 分鐘。這個時間是指孩子從事學習、完成課業這類枯燥又費神的事情的時間。孩子由於大腦皮層發育不夠成熟，抑制能力較弱，無法長時間將注意力集中於同一個刺激物上。對大腦發育逐漸成熟的青少年來說，他們的注意力會比孩子更持久。

很多父母在面對孩子分心、注意力不集中的情況時，常常會懷疑自己的孩子是不是得了過動症。

過動症，全名「注意力不足過動症」（attention deficit

hyperactivity disorder, ADHD），這是一種常見的神經發育障礙，主要表現為注意力不集中、控制力差和活動過多三大症狀，還會伴隨著情緒衝動、學業困難以及人際關係不良等現象。

注意力不集中表現為孩子在從事一項活動時，很容易被無關刺激吸引導致分心。比如：上課時，面對講臺上老師滔滔不絕的講授，課桌上的孩子時不時被窗外吹過的落葉或者走廊上的談話聲所吸引。他們所表現的注意力不集中和自身的注意力選擇性差有關，此類孩子無法從眾多的視聽刺激中選擇一個目標進行指向和集中。這種注意力不集中會導致孩子在完成課堂作業時粗心大意，犯一些基本錯誤、拖拖拉拉；在日常生活中，經常丟三落四、沒有規劃意識。

衝動控制能力差也是過動症的一種表現。衝動控制能力差表現為缺乏耐心、難以克服挫折。比如：平時玩遊戲時喜歡「插隊」，不按遊戲規則行事。在生活中，行事急躁不考慮後果和社會規範準則，僅僅根據本能或情感行動，遇到挫折後產生強烈的情緒波動和衝動舉止。在考試時，過於急躁的行事節奏導致孩子還未讀完題就急急忙忙寫下答案，導致成績不理想。過動症孩子對於自己的衝動控制能力很低，他們不會因為要面臨懲罰而抑制和收斂自己的行為，也不會因為有獎勵而表現出積極的行為。

　　過動症的孩子常常表現出活動過度。比如：孩子在家中精力旺盛，難以安安靜靜地坐在沙發上，不是在蹦蹦跳跳就是在滿地滾動。孩子在學校裡也無法維持老師要求的坐姿，認真聽講對他們而言也是很困難的。這種表現我們把它歸納為活動過多。有時這類孩子還會表現出小動作過多，寫作業時一下子玩玩手指，一下子又摸摸頭髮。他們不僅僅表現出活動過度，還會出現說話過多的現象，例如：愛和同學發生爭吵，在老師說話時愛插嘴，喜歡搶答問題等。

　　通常，過動症發病於 12 歲之前，且注意障礙、活動過多和情緒衝動的表現需要持續 6 個月以上；在家、教室或其他公眾場合等兩個以上場所表現出明顯的症狀時，我們才應該考慮孩子是否應該接受專業的諮商與治療；另外，過動症孩子在學業以及人際交往中存在明顯障礙，這也是過動症的診斷標準之一。

▌二、如何培養孩子的注意力

　　面對孩子注意力不集中的情況，不少父母感到焦頭爛額。可是各位讀者有沒有考慮過，如果你想要具備高效率的注意力，那麼你是否做到有意識地運用結構化的方法和技能訓練自己的注意力、神經系統和大腦？

（一）父母的教育

　　每個注意力難以集中的孩子背後一定有一個輔導方式不當的父母。有些父母在和孩子玩耍中會時時刻刻細緻周到地關心孩子。比如不停地詢問：「你看看這個是什麼？」、「渴了嗎？要不要喝點水？」還有些父母會替孩子準備很多玩具，哪怕是成人，面對過多的誘惑也會分心，更何況是認知能力較差的孩子呢？這種方式不僅令孩子難以集中精力進入玩耍狀態，長此以往還會難以集中注意力。

（二）注意力訓練

1. 小遊戲

◆ 種植植物

　　父母可以和孩子一起種植植物，並且要求孩子用圖畫或文字的形式記錄下植物的生長情況。這種方式鍛鍊了孩子的自主注意，這是指有預定的目的，但受到興趣的影響不再需要付出意志努力的注意。這還可以幫助孩子為今後需要付出長時間注意力的項目打好基礎。

◆ 舒爾特方格

　　舒爾特方格是當今世界上被人運用最多也最為簡便的注意力訓練法。它的步驟是將 1 ～ 25 這 25 個數字隨意填寫入

5×5 的 25 個方格內，要求受試者按照 1 ～ 25 的順序在方格
上指出其位置，並讀出對應數字。每天訓練次數可以為 10 次
左右，剛開始訓練成績不理想是正常現象，等成績穩步提升
後，再增加難度。

2. 練習指讀

　　對於注意力容易分散的孩子，他們在朗讀、默讀時，注
意力往往不夠穩定。而指讀法是指孩子在閱讀時用手指著字
讀，孩子手指的移動，可以強行將孩子的注意力放在文字
上，他們的目光一直跟隨文字移動，這能有效幫助孩子提高
注意力，改善閱讀效率。但是父母要注意，指讀法僅適用於
3 ～ 8 歲的孩子，8 歲以後孩子應該逐步放棄指讀法，開始練
習掃視閱讀，提高閱讀速度。

第五節
同儕交往：我真的需要你

　　同儕交往是指孩子與同齡人之間的交往，並發展為一定的人際關係。在同儕交往中雙方共同活動、相互合作。

　　近年來出現的「團體社會化理論」（group socialization theory）認為父母對孩子人格發展的影響並不具有長期性，孩子的同儕團體內部和團體之間的相互作用過程可以幫助孩子更好地社會化，實現社會的文化傳遞和塑造孩子的人格特點。所以，同儕團體對孩子的長期發展更為重要。相對於傳統的家庭社會化理論而言，它更看重同儕團體在孩子成長發育中所產生的作用。在這樣一種理論體系下，同儕關係和社會技能無疑顯得更加重要。在這裡，我們無意否認親子關係、師生關係的作用，但同儕關係的功能確實重要。

* 同儕可以滿足孩子的高級需求，比如：愛與歸屬的需求、尊重的需求；
* 同儕交往為孩子提供了與人互動溝通的機會；
* 同儕是孩子最有效的參照群體。

一、同儕交往類型

研究人員運用同儕提名法將孩子在與人交往過程中所扮演的角色分為 5 類，分別是受歡迎型、被拒絕型、被忽視型、一般型和矛盾型。

（一）受歡迎型

受歡迎這一特質是個體在團體中被同儕所喜歡和所接納的表現。從個體水準上來看，男生中有較強運動能力的容易受到男生團體追捧，而愛和女生玩且具有明顯女性特質的男生是不受男生團體歡迎的。從學業上來看，成績越優異的孩子越容易受到同儕的追捧，但表現得越勤奮的孩子不一定會得到大眾的喜愛。

（二）被拒絕型

被拒絕型孩子的優點在於，他們在交往中活躍主動；但這類孩子的不足在於常常用不友好的方式表達熱情，缺乏適宜的社交技能和策略。對於被拒絕型孩子，我們可以增強其交往行為和交往技能的友好性。

首先，老師要有意識地克服對被拒絕型孩子的刻板印象。所謂刻板印象，是指個人受社會影響而對某些人或事持穩定不變的看法。

我們為什麼要求老師要克服刻板印象？實際上，在孩子心目中老師是權威的代表，老師對待孩子的一言一行是極其具有說服力的，我們會發現，學齡前孩子和國小低年級孩子，對於老師的話是深信不疑的，有時孩子不聽從父母的勸告，反而對老師說的話十分上心。因此，老師會給孩子的言行、心理、品格塑造等方面帶來十分重要的影響。無論是孩子自身還是同班同學，都會受到老師態度的影響。此外，我們說父母是孩子成長過程的終身老師，所以，老師和父母以開放的心態來看待孩子是十分重要的。

其次，學齡前孩子的行為特點具有可塑性，他還沒形成正確的是非觀。我們要把孩子看作一張白紙，認清孩子犯錯是一時的，而不是因為「他是一個壞孩子」。此時重要的是老師和父母以怎樣的方法來幫助孩子糾正認知、培養是非觀、分清對錯，以達到教育孩子、塑造良好行為的目的。

在教育的過程中，注意不要以冷言冷語的方式對待被拒絕型孩子，多採取表揚和鼓勵的方式，讓孩子知道老師和父母在關心他，他是被人喜歡的、認可的，這樣就可以慢慢調整他對同儕的認知，併發展出友好的交往行為。

父母和老師還可以運用角色扮演遊戲、合作遊戲等方式，讓被拒絕型孩子學會並運用與同儕友好交往的技能。例如：角色扮演遊戲可以充分地為孩子提供與同儕進行交流和

互動的機會。在社交過程中，孩子認識到他人或多或少與自己具有相左的態度和看法，慢慢認識和協調不同的觀點。角色扮演遊戲使得這類孩子可以站在不同的角度去體驗不同角色的感受，從而找到與人友好相處的行為與策略。

（三）被忽視型

被忽視型孩子最主要的特點是缺乏主動性、內向、文靜、膽小，很少主動在課上回答問題，甚至回答問題聲音很小或根本不敢開口說話，因而老師會感覺這類孩子上課的氣氛非常沉悶。

對於被忽視型孩子的訓練，最重要的是用給予安全感的方式調動其積極性，讓他勇敢說出話。

在家庭中，父母可以主動詢問孩子對晚飯、選擇書本和玩具的看法，讓孩子開口表達自己，還可以要求孩子承擔一些家事，培養參與感，並在任務結束後及時給予一定的積極回饋，增加孩子在家庭中的存在感和參與度。

在課堂上，老師可以給予孩子更多一點的關注，鼓勵他們多回答問題，哪怕是眼神的關注，無論正確與否，老師積極的回饋都是必不可少的。

對於這種類型的孩子，給予適當的移情訓練是很重要的。在曉之以理的基礎上再動之以情，加強其內心的情緒體驗，有效地調動其內在情感的迸發，進而有效地調動其主動性。

具體來說，教育工作者可以與孩子一起體驗被人關注或得到獎賞後的愉悅感，引導孩子更多體會不同情景中的感受，如做家事得到誇獎的感受、幫助同學後得到感謝的感受等。

（四）一般型

　　一般型孩子在整個孩子團體內所處的比例較高。其處於受歡迎和被拒絕的中間地帶，他們在社交中不會過於主動和積極，也不會過於被動，讓人覺得有陌生感。因此，同伴對這類孩子的評價一般都是沒有那麼喜歡的，但是也不會拒絕他們。

（五）矛盾型

　　矛盾型孩子是指深受一部分同伴的喜愛，同時又深受另一部分同伴的厭棄的孩子，也被稱為「有爭議的孩子」。這些孩子一方面能力較強，性格較活潑，能領導大家進行遊戲，在某個團體中會有一定的權威地位；另一方面又會以自我為中心而壓制同伴，有時還會表現出破壞性行為，從而引起一些同伴的反感。

　　矛盾型孩子往往性格比較外向，在各項活動中表現得很積極（如課堂上搶著回答問題、搶著參與活動），但又時常不遵守課堂紀律，往往表現為自己想做什麼就做什麼（如在

上課時間躺在地上或滿教室跑），所以這種雙重性讓他們顯得很有個性。

矛盾型孩子在課堂上經常會營造出非常活躍的氛圍，卻令老師覺得難以組織，因為有時孩子在聽，有時孩子在積極地參與課堂討論，有時孩子跑了，有時孩子又在拉扯朋友的衣服。他們是知道應該如何與人交往（他們有很多的正向行為）的，可是對自己的人際交往缺乏回饋，也就是說，他們無法正確而客觀地認知自己、評價自己，也無法時刻反思和監督自己的行為，更無法預知行為能給自己和他人帶來什麼樣的影響與後果。

父母和老師可以透過看卡通等方式幫助孩子樹立榜樣，並帶領孩子觀察榜樣行為，再和孩子一起討論：「榜樣這樣做有什麼好處呢？有什麼作用呢？」最後，當孩子表現出榜樣行為時，父母或老師給予一定語言形式的強化，觀察學習的效果就可以真正顯現出來了。

觀察學習直觀且形象，伴隨強化的作用，有助於他們逐漸學會自我監控，使他們更直觀地考察自己對同伴所帶來的後果，從而逐漸改善其同儕關係，故觀察學習對他們而言更有效。

二、影響同儕交往的因素

（一）父母教養方式

父母對孩子同儕交往的情況要給予留意和重視。有些父母會以為看起來特別乖巧、無憂無慮的孩子不會有什麼心理問題，實際上特別「乖巧」類型的孩子往往在心理層面上是承受了更多的壓力的，他們在不滿時往往選擇壓抑自己真實的情緒而選擇妥協，所以說，無論什麼類型的孩子，都需要得到父母更多的關愛。

在同儕交往出現矛盾時，父母教養方式會潛移默化地影響孩子的處世風格。當孩子之間出現矛盾時，部分父母可能因為一時情緒激動而選擇直接上來以大人的姿態去「欺負」孩子的同伴，但實際上這種做法是十分不明智的。

首先，父母要放平心態，因為這種摩擦在每個人的成長過程中都是不能避免的；其次，父母要弄清楚事情的來龍去脈，鼓勵孩子表達，再根據實際情況，做出一定的對策；最後，與孩子商量解決，詢問孩子的想法並最終形成一致的意見，而不是由父母全程包辦。我們是透過一件事教會孩子如何成長，如何面對這個複雜變化的世界，並不是一直把他保護在自己的羽翼下，阻礙了他自由飛翔。

（二）行為特徵

孩子如果並不具備良好的習慣，等到了與同儕交往時，這類壞習慣和不良行為會嚴重影響到他的同儕交往。比如：有些孩子尚未養成分享的習慣，這可能是因為孩子的認知還處於「以自我為中心」的階段，認為「所見都是我的」。在這種思維下，孩子肯定不願意與他人分享。甚至有些孩子還會採用攻擊性的方式來維護自己的利益，那麼爸爸和媽媽可以在日常生活中多多分享，透過榜樣的力量教會孩子什麼是分享。

（三）社交技能和策略

我們之前也說過，在交往中越受歡迎的孩子，他的心理理論水準越高。相應地，這類孩子也會具備優秀的社交能力。比如：有些缺乏社交技能的孩子在看見他人摔倒後，並沒有及時提供幫助，反而自顧自地繼續玩耍，那麼這種舉動可能會令別的小朋友討厭。因而父母不僅需要有意識地培養孩子的心理理論，還需要創造合適的交流環境，如提供孩子較廣泛的活動範圍和足夠多的玩具。

第四章

情緒的表達：洞察孩子的需求

第一節
情緒：父母對孩子情緒的回應決定他的 EQ

　　情緒是指人以個體的願望和需求為仲介，形成對客觀事物的態度體驗及相應的行為反應。

　　孩子的情緒具有易變性、衝動性和反應不一致的特點。孩子情緒上的易變性是指孩子的情緒表現多變，具體來說，孩子經常一會兒大哭一會兒又破涕為笑。易變性還表現為很容易受到外界環境的影響，比如：明明沒有很害怕，但當周圍孩子表現出害怕的神情，自己也會感到害怕。孩子情緒上的衝動性是指孩子不善於控制、調節自己的情緒。任何高興和沮喪都表露在臉上，高興時活蹦亂跳，沮喪時大哭大鬧。反應不一致是指面對相同的刺激時，不同的個體會有不同的情緒反應。例如：有些孩子看見陌生人會止不住地哇哇大哭，而有些孩子卻表現得熱情大方。

一、嬰幼兒的情緒發展過程

　　心理學家伊札德（Carroll Ellis Izard）提出，人類從出生開始，就表現出驚奇、傷心、厭惡、微笑和興趣這 5 種情緒。中國心理學家孟昭蘭指出，新生兒一出生便具備興趣、痛苦、厭惡和微笑這 4 種情緒。我們可以看到，孩子的情緒從一開始就初步分化了。但這種情緒反應大多與孩子的生理反應有關，是先天性的。

　　0～2 個月，孩子對任何人都報以微笑。

　　2～3 個月，孩子開始表現出憤怒和悲傷，生理上的反應主導孩子的情緒，比如吃飽後，孩子就會開心地微笑。

　　3～6 個月，孩子的注意力更容易被新的刺激物所吸引，此時的孩子若處於樂觀情緒下，則積極行事；若處於悲觀情緒下，則消極行事。

　　6～12 個月，孩子開始出現陌生人焦慮，與媽媽相處時表情愉悅，與陌生人相處時表情沮喪，1 歲以後陌生人焦慮則開始減弱。

　　12～24 個月，孩子的自我意識逐步得到發展，開始形成羞愧、自豪、內疚和同情等複雜的社會性情緒。與此同時，孩子的表情意義開始分化。比如：最初的哭開始分化為因飢餓、被責備、恐懼、擔憂引起的哭；最初的笑開始分化為因表揚、美食、擁抱而引起的笑。

二、微笑

如果去探望剛剛出生沒多久的新生兒，我們就會發現孩子在沒有任何外部刺激的情況下，會保持一種低強度的微笑。新生兒的微笑是與生俱來的，我們稱為內源性的笑。

一開始，孩子會表現生理反射性微笑。當孩子剛剛出生時，旁觀者用手觸碰臉龐、腹部他們都會微笑。在 4 ～ 5 週時，孩子開始對轉動的物體、熟悉的說話聲和清脆的拍手聲都予以微笑回應。

隨後，生理反射性微笑逐步被社會性微笑取代。在 5 週左右，孩子偏愛於大人的聲音和面孔，面對大人的面孔或者聽到大人的聲音都會引起孩子的微笑。在 8 週左右，孩子會對長期注視自己且不移動的臉發出微笑。從 5 週到 3 個半月這個時間段，孩子的社會性微笑不會因對象的不同而發生改變，也就是說，無論面對的是撫養者還是陌生人，他們都會微笑。3 個半月到 4 個月這短短的時間內，孩子的社會性微笑有了實質的進步，開始出現有差別、有針對性的微笑，例如：他們可以區分熟悉的撫養者和陌生人的臉，從而在面對熟悉的人時會更加無拘無束地微笑，而當面對的是陌生人時則報以警惕的微笑。

▍三、情緒的社會性參照

大家還記得我們前面提到的「視覺懸崖實驗」嗎？當孩子無法判斷前方道路是否危險時，會選擇抬起頭來看看媽媽。媽媽若以微笑示意，則表示前方道路是安全的；媽媽若眉頭緊鎖，則表示前方道路是危險的，需要小心行事。這種現象就是孩子情緒的社會性參照的重要表現。

情緒的社會性參照是嬰幼兒逐漸開始社會化的一個重要象徵，這種特質不僅展現孩子了解到情緒是一個信號，還展現他們了解到情緒對人際互動的重要影響。

情緒的社會性參照不僅能夠幫助孩子根據他人的情緒訊息擺脫危險，從而合理調整自己的反應和行為，還可以透過分享他人的情緒，豐富自己的情感世界。從出生開始，孩子就不得不陷入社會這張大網中，他們被父母、親戚、護理師、醫師等各種社會性生物包圍起來。他們也是從中發展著人的情緒情感、社會行為和關係。據此，孩子的行為也會受到這種社會關係的影響。當孩子面對陌生情景時，會先觀察周圍人的表情，然後再決定自己的行為。

孩子情緒的社會性參照能力在 7 ～ 8 個月大才能完全具備。在此之前，他們的這項能力會經歷 4 個發展階段。

＊ 階段一：0 ～ 2 個月大的孩子表現出無面部知覺；

＊ 階段二：2 ～ 5 個月大的孩子不能理解他人情緒的面部
知覺；

＊ 階段三：5 ～ 7 個月大的孩子開始發展對表情意義的情
緒反應；

＊ 階段四：7 ～ 8 個月大的孩子能夠運用他人的表情資訊
理解因果關係。

　　父母在教養過程中要有意識地避免消極的社會性參照，
不恰當的表情資訊會導致孩子對因果關係的誤判。長此以
往，還會導致孩子長期陷入不良的情緒中，並會限制自己的
行為和性格發展，沒有勇氣探索這個未知的世界。

第二節
哭鬧：為什麼哄勸都沒有用

　　我想拋給各位讀者一個問題：面對不想去幼稚園而哭鬧的孩子，我們應該怎麼應對呢？早期父母應該及時對孩子的需求給予回饋。前文提到，華生作為行為主義的代表人物，曾說過一句著名的話：「給我一打健康的嬰兒，我可以隨機把他們訓練成不同職業的人……」在行為主義看來，獎勵和懲罰才是行為培養的關鍵。面對哭鬧，行為主義學者的建議是直接忽視不理，他們還提出了「哭聲免疫法」（controlled crying）這一套理論。經過實踐檢驗，這種方式培養出來的孩子的確比其他孩子更聽話，但是這些孩子對情感的體驗也會弱於他人。

　　我們需要將具體的做法落實，從一個經典的例子入手。一位爸爸帶著孩子去商場，進入一家玩具店，孩子很喜歡一個玩具，想讓爸爸買給他。但爸爸說家裡已經有很多類似的玩具了，再買就是浪費。這時孩子哇哇大哭，甚至立即躺在

地上打滾耍賴，嘴裡嚷嚷：「不買就不起來。」於是爸爸待在原地等了 3 個小時。這位爸爸的做法是對還是錯呢？

首先，爸爸沒有立刻責令孩子，而是在旁邊「陪」了 3 個小時，這種做法我是贊同的。我相信大部分在亞洲家庭中長大的孩子都會被灌輸「哭是錯誤的」、「好孩子是不會哭的」這種觀念。長久以來，被父母壓抑著情緒的孩子，會在時間的累積下逐步喪失正確表達自己情緒的能力。大家可以回憶下，是否常常會懊惱自己為什麼要朝人發脾氣？為什麼要生氣？換句話說，我們喪失了情緒宣洩這個能力，寧願嬉皮笑臉也要不斷討好周圍人，甚至是曾經傷害過自己的人。我認為這位爸爸做得很好的一點就是站在旁邊「陪」著自己的孩子。在華人的觀念中，父母的權威是神聖不可侵犯的。孩子在眾人面前的哭聲，挑戰著父母心中的權威，不斷刺破父母的臉面，更何況在人山人海的商場哭了。這位爸爸不懼怕「丟臉」，而是讓孩子有足夠的機會去宣洩自己的情緒。

當孩子在高鐵站、圖書館等場所情不自禁地開始耍賴時，父母應該怎麼辦呢？我們可以把孩子抱去一個合適的場所，讓他繼續宣洩自己的情緒，並告訴孩子：「你可以哭，你也可以靜下來表達自己的需求，但是你哭了就會打擾到別人，這樣的後果是需要你自己來負責的。」

其次，雖然不知道這個例子的真實性，但是 3 小時的等

待著實讓我佩服這位爸爸的耐心。在社會壓力如此巨大的今天，能等待孩子哭鬧 3 小時的父母是如此稀缺。大多數父母面對孩子的哭鬧，就立刻開始妥協：「好好好，不哭了，爸爸（媽媽）買給你。」久而久之，孩子學會用哭鬧爭取自己的需求和利益，長期發展下去，這類孩子面對殘酷的社會可能會因他人無法及時滿足他的需求而體驗到挫敗感，並且很難照顧他人的需求，形成一定的社會適應不良。這位爸爸堅守 3 小時沒有改變自己的底線，身體力行地告訴孩子什麼叫堅持原則。他用這 3 小時真真切切地讓孩子知道哭不能解決問題。很多父母覺得「太累了」、「一聽見孩子哭就頭痛」。誠然，父母這個角色和工作角色的平衡也具有一定的難度。父母常常會說沒時間、工作太累了，可是孩子既然降臨在你的身邊，你就應該擔負起相應的責任，必要時還可能要為了孩子的健康成長做出一定的犧牲。

最後，我不是很贊同這個爸爸的部分行為，當然也有可能是因為表達者的疏忽而遺漏了爸爸在孩子哭鬧的過程中的行為 —— 是漠視，還是在玩手機？

第一，我覺得要確保孩子的哭鬧不影響他人，可以抱他離開人流較多的場所，也可以和他溝通小聲點哭。

第二，與孩子有一定的肢體接觸，哪怕是眼神接觸，並且不斷檢查孩子的吃、喝、拉、撒、睡這些正常需求是否被

滿足。用這種方式告訴孩子他的行為是不對的，但是父母永遠無條件地站在你的身後。

第三，教育孩子學會修正自己的行為。還是從這個例子入手，先和孩子溝通哭鬧這種行為的正確與否，幫助孩子明白哭鬧解決不了任何問題，還會給周圍人帶來困擾，再來詢問孩子：父母的意思表達清楚了嗎？能否明白父母拒絕的用意？最後一步是要解決問題，比如：和孩子協商，實體店價格太貴，父母能力有限，能不能等回家一起在網路上挑選。再比如：家裡還有其他的玩具，能不能透過送人或義賣的方式整理完先前的玩具後再進行購買。如果父母不捨得在玩具上投入資金，那麼告訴孩子可以透過適當的零用錢機制，比如：用勞動換取小額獎勵，從而讓他們學會如何使用金錢，培養孩子的節省意識。

例子中的孩子會透過哭鬧換取自己想要的資源，生活中還有一些哭鬧是為了博取父母的關注。那麼在這種情況下，比起靜靜地等待孩子哭鬧，更好的方式是用紙巾擦拭孩子的淚水，讓孩子體會到你的關心。還要和孩子解釋自己忽視他的原因，向孩子解釋自己為什麼沒有滿足他的需求，下次遇到類似情況應該怎麼解決、孩子應該怎麼表達等。最後也是最重要的是，要讓孩子相信父母是愛他的，並且伴隨一個擁抱的話，說服力會更好哦！

　　不過父母可以放心，持續不斷地哭鬧 3 小時是非常辛苦的，例子中的行為也只是經他人轉述。正確應對孩子的哭鬧，父母要弄清楚哭鬧行為背後的原因，及時給予回應並滿足，互相溝通以正確表達需求，這樣才能真正地做到解決問題。

第三節
依戀：母嬰關係塑造孩子一生的情感

在這裡給大家簡要介紹一下關於依戀的經典實驗。奧地利動物心理學家洛倫茲（Konrad Zacharias Lorenz）做了一個實驗：研究人員把眼看就要裂開的鵝蛋與鵝媽媽分離開，然後靜靜等待鵝蛋啪啪地一個個裂開，這時一隻隻毛茸茸的小鵝從蛋殼中鑽出來，牠們伸著細細的脖子，抖抖身上的絨毛，用黑溜溜的眼睛打量著周圍的一切，像是在尋找著什麼，是食物還是鵝媽媽？最後，當洛倫茲出現在這群小鵝附近時，這群小鵝邁開剛剛會走路的小腿，一步一步地跟隨在洛倫茲的身後，卻忽視了辛苦生育自己的鵝媽媽。洛倫茲在對幼小動物的依戀行為進行研究時發現，剛剛降生的動物會關注和緊緊跟隨他們最先注意到的環境中會移動的物體，並且表現出依附的行為，這也被稱為「銘印」（imprinting）。

依戀是指孩子與撫養者之間建立的相對穩定、長久而強烈的情感連繫。依戀關係的建立對孩子未來的成長有著非常

重要的意義。若能成功發展安全型的依戀關係，那麼就可以維持健康、積極的親密關係。為了建立積極的依戀關係，父母可以採取以下做法：

* 及時關心。父母要根據孩子的微笑、哭泣等情緒反應及時滿足孩子的各類需求。對於幼小的孩子，父母更要關心他們的生理需求，而對於年齡較大的孩子，則需要多多關心他們的社會需求。
* 減少分離焦慮的體驗。研究顯示，父母是孩子成長的維他命，由父母親自撫養長大的孩子幸福感更高。在 0 ～ 3 歲應盡量減少孩子對分離焦慮的體驗次數，若無法減少，則應採取合適的方法幫助孩子過渡分離焦慮。
* 小步伐原則。媽媽與孩子之間的距離從開始的緊密連繫，到媽媽進入孩子的視野範圍，最後再逐步擴大兩者的空間距離。分離的過程應當是一步一步、循序漸進的。

一、依戀缺失

常常被父母拒絕認可的孩子、寄養家庭孩子和育幼院孩子都是成年後依戀缺失的高發族群，他們的共同特點在於缺乏應有的注意與關心，主要表現在長期存在親子分離、撫養

者關心不夠、撫養者給予的愛不足、沒有在共生時期建立好依戀關係等問題上。除此以外，父母以迴避、冷暴力、拒絕溝通等方式應對孩子一時的錯誤行為，也會導致依戀缺失的現象。依戀對象是個體的港灣，對於應對壓力及焦慮具有緩衝作用。

　　親子依戀缺損，常常發生在那些沒有足夠的愛的家庭。在這種環境中長大的孩子要麼對於關愛的渴望遠遠超乎常人，要麼對他人有莫名的敵意與不安。在成年後的成長生涯中，他們往往無法自如地應對他人的愛，甚至無法感知到他人的愛，可是他們又強烈地需要他人的認可和愛，甚至會發展為「無限制討好他人，以獲得安全，避免焦慮」的精神官能症傾向。比如：討好身邊的所有人，把希望從媽媽身上獲得的認可轉移到獲得他人的認可等。這種關係模式往往會貫穿在他們的親密關係、親子關係、朋友關係等一切關係中。親子依戀的缺失會導致孩子透過找對象等方式來尋求外界的情感補償，希望能找一個依靠，尋找安全感和家的歸屬感。在這種依戀關係下長大的孩子，通常難以結束一段不健康的戀愛關係，甚至會為了博取對象的歡心而做一些違背自己良心的事，因為他們實在太害怕孤獨了，太需要他人的認可了。

二、依戀過度

　　親子間的依戀是否越多越好？父母給予自己孩子更多的愛不好嗎？無時無刻不緊貼在孩子身邊，為孩子提前掃除周邊所有的困難，為孩子搭建最牢固的安全屋 —— 但這種過度保護容易導致依戀過度，而親子間的依戀往往需要一個合理的分寸。親子依戀過度會剝奪孩子獨立生活和社交的能力，導致孩子缺乏獨立性，以自我為中心；孩子自尊心很強卻又內心脆弱，遇到問題只知道逃避而不是自己解決，很難良好地適應社會。具體來說，父母在家為孩子包攬所有家事，更有甚者幫助孩子綁鞋帶、洗貼身衣物等，這種依戀關係下的孩子在今後可能難以獨自生活，常常選擇逃避問題等。

　　媽媽給孩子過多的關注，我們可以理解為媽媽對孩子存在分離焦慮，比如：媽媽一旦離開孩子就覺得特別焦慮、內心有滿滿的擔憂而無法做好任何事。過分依戀孩子會導致父母神經緊張、杞人憂天，沒有任何根據地擔心孩子的狀況，常常試圖把孩子牢牢綁在身邊，不能接受孩子脫離自己的控制、離開自己的監控範圍等。離不開孩子的父母可能在明知孩子不會遇見任何危險的前提下，身體無法離開孩子，一顆心繫在孩子身上，行為上為孩子排除一切困難，思想上對孩子有極強的控制欲，無法接受孩子超出自己的規劃。比如：

捨不得孩子去上幼稚園，在孩子去幼稚園時一整天都非常擔心。

有人認為，媽媽對孩子的過度依戀可能是由於不健康的自我評價 —— 媽媽的自我價值取決於孩子，在她們心中，自己的價值取決於孩子。如果離開孩子，媽媽就有強烈的喪失感和被拒絕感。所以，過度依戀這一現象反映出的問題是，孩子已經不再需要父母，而父母沒有做好充分的心理準備，暫時無法接受孩子長大的現實。

三、分離焦慮

分離焦慮是指當孩子與某人建立了親密的情感聯結後，又要與之分開，隨之產生傷心、痛苦並拒絕分開的情緒。患分離焦慮的孩子一般會表現出與分離有關的過度焦慮、憂鬱情緒和一些受焦慮影響的不安行為，比如：哭泣、身體不適（如胃痛、頭痛）、逃避（如拒絕分離）等，並採取獲得安全的行為（如不斷打電話給依戀對象，要求回到依戀對象身邊）。

關於孩子分離焦慮的發展特點，有些研究顯示，孩子在 7 ～ 24 個月大是分離焦慮表現得最明顯的時期。分離焦慮分為兩種，一種是因為和媽媽分離而產生的恐懼；另一種是對陌生人的恐懼。根據皮亞傑提出的「客體永存性」，0 ～ 2 歲

的孩子無法正確理解「消失」的概念，比如：媽媽只是從一個房間到了另一個房間，而在孩子的心中卻是「媽媽像變魔術一樣消失了」。由於思維的物體恆存，這個階段的孩子只能感受到自己看得到、摸得著和真切感受得到的物品。

6 個月以後的孩子會頻繁出現哭鬧、夜醒等行為，父母不必為此過度焦慮，也不要因此而苛責孩子，此時的孩子正處於不斷尋求撫養者存在的階段，是孩子在與撫養者建立信任的階段。到 3 歲以後至學齡期，孩子的分離焦慮會逐漸減弱，原因在於，雖然當依戀對象不在可視範圍內時，孩子依然會感受到不安全感，但是由於他們的身心發展水準已經顯著成熟，所以能對這種分離有一定的容忍能力。

約翰·鮑比（John Bowlby）運用觀察法，把孩子的分離焦慮分為以下 3 個階段：

* 第一階段：反抗階段，孩子開始會號啕大哭，又吵又鬧。

* 第二階段：失望階段，孩子仍然會哭泣，但哭聲斷斷續續，同時吵鬧動作減少，這時的孩子不理睬他人，表情稍有遲鈍。

* 第三階段：超脫階段，孩子在掙扎累了以後開始選擇接受外人的照料並開始正常的活動，如玩玩具，但是當媽媽出現時，孩子又會出現悲傷的表情。

童年期的分離焦慮與其成年後的行為和心理有什麼關係呢？大部分研究證明，童年期分離焦慮與成年期恐懼症（指對特定的人、物或場景的恐懼、緊張心理，包括社交恐懼症、特定的恐懼症和場所恐懼症）之間有著某種內在連繫，只是這種相關性會受到很多其他因素的干擾，導致相關度不清晰。除此之外，還有研究顯示，若長期體會到分離焦慮，將對孩子今後的自我評價的建立和婚戀觀的形成產生影響。

四、學校恐懼

　　學校恐懼是分離焦慮的另一種表現形式。學校恐懼是指不管是否與依戀對象分離，孩子都拒絕去學校，一旦說要去學校就會大哭大鬧，但卻不拒絕去其他地方。那麼父母面對這種情況應該如何處理呢？

（一）立下約定後立刻離開

　　父母應該在和孩子約定好回來的時間後，大大方方地和孩子說再見，然後果斷離開。如果離開的時間較長，可以間隔一定的時間與孩子打視訊電話，和他說說話。父母可千萬不要為了省事，而選擇「偷偷溜走」這種方式。因為長此以往，孩子會長期處於擔心父母隨時「消失」的恐慌感中，他對父母的信任和依賴也會因此受到影響。

（二）情緒控制

很多父母看見孩子因不捨而流淚會感到心酸，於是親子間的告別場景就轉變為一場煽情戲。還有的父母看見孩子堅強獨立、忍住不哭泣的樣子感到焦慮，會錯誤地以為自己孩子不依戀自己了，並且會有意無意地把這種情緒傳遞給孩子。不合理的情緒控制，導致孩子難以正確地對待分離。

（三）給予一定的緩衝時間

很多父母常常對孩子遇見陌生人後號啕大哭，或是孩子不想去幼稚園而死纏爛打感到困惑，到處詢問他人應該如何改正這種行為。可是實際上，這只是孩子成長必經的一個階段，根本不需要改正。父母要做的是告訴陌生人：「我的孩子現在感到恐懼，需要保持一段距離。」並及時和幼稚園老師溝通：「我的孩子對上幼稚園還需要一定的時間來適應，不如讓我先接他回家。」父母可千萬不要陷入「為什麼我的孩子這麼差勁」、「孩子這樣哭真是丟我的臉」這樣的負面想法中。理解孩子這個階段的認知發展特點，尊重他的情緒，才是父母應該做的。

（四）誠實表達

父母要誠實表達對孩子情緒的看法，比如誠實告訴孩子：「媽媽能理解你的傷心，也理解你為什麼哭。」或者表

達自己也有同樣的情緒：「媽媽離開你同樣會感到傷心、難過，我一定會在約定時間內見到你的。」

（五）利用「躲貓貓」遊戲

我們可以將物品藏起來，讓孩子去尋找。或者父母藏在面紗下，然後揭開面紗讓孩子再次看到父母的臉。透過這種方式慢慢培養孩子建立「物體恆存」的概念。

（六）增加孩子生活接觸的人

作為媽媽，要認識到自己並不能是孩子唯一親密的人。否則在分別時，孩子的焦慮症狀會更嚴重。媽媽要懂得適當「放手」，讓孩子與爸爸、祖父母等人也有足夠的時間相處並建立親密關係。

五、對物品的依戀

很多孩子會對某樣東西特別依戀。比如：要抱著洋娃娃一起上街，要咬著奶嘴才能安睡，要一邊玩耍一邊抓著小被子等。處在嬰幼兒期的孩子，常常透過滿足感官需求來安撫自己的情緒。在孩子的眼中，媽媽是自己安全的保障。如果暫時離開媽媽，獨自面對這個未知的世界，那將是非常可怕的。媽媽不可能時時刻刻都陪在孩子身邊，孩子也需要與媽

媽分離，漸漸減少對媽媽的依戀，並走向完全獨立的狀態。在這個過程中，孩子如果有很多的不安全感，也可以透過撫摸媽媽的物品來滿足依戀。我們發現，孩子的依戀物通常都是柔軟舒適的，就像媽媽的懷抱一樣舒服。那是因為這些依戀物在孩子眼中就是媽媽的象徵，有這些物品陪伴自己，就像媽媽在身邊一樣。孩子有了可以依戀的事物來暫時替代媽媽，就會感覺到很有安全感。

父母會疑惑，為什麼我家的孩子總是依戀某個物品，而別人家的孩子看起來就正常許多？這或許是因為他人的依戀物是自身的某個部位而不是某個具體的物品，也有可能是因為那些孩子受到父母精心的照顧，獲得了足夠的安全感，足以使他們能夠獨立面對這個陌生的世界。

首先，父母要明白依戀物是在父母陪伴不足的情況下為孩子提供了心理慰藉，比起在家裡搞破壞的行為，父母應該好好感謝孩子身邊的依戀物，它們是忠誠的陪伴者。其次，父母要明白孩子對物品的依戀現象將會在 5 ～ 6 歲自動消失。如果情況特別嚴重，孩子無時無刻不緊貼著某個物品，此時建議去尋求諮商心理師的幫助。最後，父母要明白孩子的這種依戀關係是一種健康的依戀。因為孩子在遭遇一些心靈傷害時，需要藉助一些事物來療癒和撫慰自己，而這些物品就具有療癒的功效，孩子的焦慮能夠由此得到很大程度的緩解。

我們可以在平時多多擁抱孩子，給予孩子恰當的心理慰藉，及時滿足他們合理的需求，重視陪伴孩子的時光。最重要的是，正確看待孩子的依戀物，不要過分排斥，也不要強烈制止孩子對物品的依戀，可以給予孩子一點時間學會慢慢和依戀物告別，比如：和孩子一起擁抱依戀物，陪孩子和依戀物說上最後一句話，再由孩子親手整理依戀物。

第四節
道德感：什麼是好，什麼是壞

　　歐洲文藝復興開拓人物之一但丁說過：「一個知識不全的人可以用道德去彌補，而一個道德不全的人卻難以用知識來彌補。」透過觀察近年來未成年人犯罪事件的新聞報導，我們可以發現，忽視孩子的道德培養造成的悲劇比比皆是。心理學家提出，學齡前時期是所謂的個體個性、品德開始形成的關鍵期，一旦錯過這個時期，就難以培養孩子高尚的品格。為此，我們要多多關注學齡前孩子的道德發展。

一、道德認知發展

　　皮亞傑利用對偶故事法來研究孩子的道德判斷。這種方法是透過講故事，分析孩子進行道德判斷是根據客觀事物的損壞還是根據故事對象的行為動機。據此，皮亞傑了解到孩子的道德認知發展是一個變化發展的過程，主要分為 3 個階段，它們分別是前道德階段、他律道德階段和自律道德階段。

（一）前道德階段

皮亞傑認為2～5歲的孩子在道德認知上屬於前道德階段。

由於這個階段的孩子在認知發展上屬於前運算階段，他們的思維具有「以自我為中心」的特點。此時他們難以理解什麼是「規則」，道德認知不守恆，總是以自己的想法為主，因而行為比較衝動。孩子的行為受行為結果的影響較大，不了解也不遵守規則，他們的所作所為既不是「道德」的，也不是「非道德」的。

這個階段的孩子以權威人物的意見為主，相同的要求若出於父母這類權威人物，則會比出於同儕更易遵守。

（二）他律道德階段

他律道德階段針對的是5～10歲的孩子。

在這個階段，老師和父母這類成人在孩子的心中地位很高，孩子還會發展出一種遵守成人規則的義務感，會認為「好孩子」是服從規則的，「壞孩子」是不聽話、不服從規則的。

他律道德階段的孩子對待規則比較死板，沒有意識到規則是人定的，也可以由人來改變，反而執意認為規則是一成不變的。在這個階段的孩子看來，行為的對錯取決於行為的後果，而不會考慮行為的動機。比如：如果小明為了幫助媽

媽做事而摔壞了 5 個杯子，小李因偷吃糖而摔壞了一個杯子，那麼這個階段的孩子會因為小明摔壞的杯子更多而認為他的錯誤更明顯、更嚴重。

他們的道德判斷還有一個特點 ——「絕對化」，此時他們眼中只有「一定錯」和「一定對」，並不存在中間地帶。

在剛剛舉的例子中，他律道德階段的孩子會認為摔壞杯子的孩子一定做錯了，而不會考慮背後的原因 ——「是不是失誤了」、「小明不是故意的」。這個階段的孩子對於懲罰的看法也有局限性，認為懲罰是一種報應，他們還會把道德法則和自然規律相混淆。在他們看來，做了不對、不好的事情就一定會受到自然力量的懲罰。

（三）自律道德階段

在皮亞傑看來，10 歲以後的孩子的道德認知處於自律道德階段。

處於這個階段的孩子的道德判斷相較於前兩個階段已經取得了很大的進步。自律道德階段的孩子可以認識到規則是由人類合作制定，不是一成不變的，可以根據人的想法和願望而加以改變。針對行為對錯的判斷，他們不再只考慮行為的後果，還會結合行為的動機一起考慮。面對一些造成巨大損失但動機單純的人，這個階段的孩子常常認為動機邪惡但損失微小的人更壞。

除此以外，在對錯的判斷中，他們還開始站在他人的角度來看待問題，例如：考慮他人所處的地位和遇到的困難等。對懲罰而言，這個階段的孩子所認可的懲罰方式更溫和，會從教育意義出發，以幫助犯錯者意識到自己的錯誤為目的。

▎二、親社會行為

　　親社會行為是指符合社會期望，對行為受體有益但對行為個體而言無明顯好處的一類行為。孩子的親社會行為一般表現為愛分享、樂於助人等。

　　心理學家對親社會行為產生的原因有不同的看法。本能論認為，親社會行為是由遺傳因素決定的，具備了「樂於助人」這一特質的個體有更大機率生存下來，並將基因遺傳給後代。認知發展理論認為，隨著大腦發育的成熟、心理理論水準的提高，孩子可以意識到親社會行為是社會所讚賞的行為，為了獲得更多人的喜愛，因而表現出親社會行為。社會學習理論認為，孩子所具備的親社會行為是透過觀看榜樣在做出類似行為後受到表揚而不斷得到強化，使得親社會行為的出現頻率提高。

　　培養孩子的親社會行為目的在於教會孩子融洽地與他人相處，讓孩子學會分享，教育孩子要幫助他人和關心社會發

展。為了培養孩子的親社會行為，父母要在日常生活中做好榜樣。具體來說，父母最好採取民主型教養方式，多運用溫和、非強制性的方式來教育孩子。

在日常生活中，父母要注意規範自己的言行，與他人相處時要和睦，並熱心為他人排憂解難。當孩子與他人發生衝突時，父母要注意引導孩子體驗特定情景下他人的心理感受，從而採取更恰當的方式來化解衝突。等到下次遇見類似場景，之前所獲得的體驗（如同伴痛苦的表情）便會浮現在腦海中，於是孩子的行為表現得更積極。父母在孩子表現出親社會行為後，應該注意及時強化，如及時表揚、鼓勵等，以提高親社會行為的出現頻率。

第五章

教養的迷思：父母決定孩子的人格發展

第一節
環境豐富性：可以促進智力發展

「豐富的環境可以促進智力發展」，這一言論已得到研究的證實。心理學家將小白鼠分為 3 組：第一組放在普通的生長環境；第二組放在「貧乏」的環境 —— 只有食物而沒有其他刺激物；第三組放在「豐富」的環境 —— 除了滿足小白鼠基本的生理需求，還擺放了假山和鞦韆等娛樂設施。研究結果顯示，第三組小白鼠因生活在「豐富」的環境下，大腦皮層更厚、更重。因為環境刺激貧乏，神經細胞的發育就會停止或凋亡；面對豐富的環境刺激，神經細胞就會得到充分的利用，建立豐富的神經網路。

一、如何提高環境豐富性

（一）積極關注

剛剛出生的新生兒生理機能發育還不夠成熟，需要撫養者及時地關注。隨著孩子的成長，他們會利用哭聲表達自己

的需求，撫養者需要根據孩子的哭聲迅速做出判斷。當孩子感到父母無微不至的關懷後，會發展出安全感和滿足感，進而擁有足夠多的探索未知環境的勇氣，增加對周邊環境豐富性的體驗。

（二）多互動

　　父母不僅需要將孩子暴露在一個有語言的環境中，更要讓孩子置身於一個可以思考的世界，這樣可以增加高效率的溝通和親子互動。在日常生活中，父母不經意的碎碎唸不僅讓孩子感受到了父母的親切，還可以提高孩子的溝通能力。比如：在做飯的過程中向孩子解釋自己的每一步行為：「現在，媽媽把牛肉放上去啦，因為肚子很餓，我們要一次烤 3 塊牛肉。」這種伴隨著動作的說明性陳述，確實能促進孩子邏輯思維能力的發展。

（三）好物分享

　　為了有效提升孩子所處環境的豐富性，在這裡將分享一些好用的育兒單品。

1. 遊戲毯

　　遊戲毯比較適用於月齡小的孩子，把孩子放上去，孩子就會開開心心地和上面懸掛著的小動物打招呼。這不僅可以提升孩子周圍環境的豐富程度，還可以幫助父母節省精力。

不同的遊戲毯有不同的設置，比如：有些遊戲毯會配備鏡子，有助於孩子自我意識的發展；有些遊戲毯會配備腳踩音樂盒，孩子胖乎乎的小腳輕輕一踢，就會有音樂播放出來；有些遊戲毯不僅上面設置玩偶豐富孩子視覺刺激，四周也設計不同的娛樂設施，帶給孩子的樂趣也會更加多元化。

2. 積木

建議父母可以買一套比較好的積木，功能不應只限於積木搭建，還可以用線形積木進行字母拼搭，把方形積木當作多米諾骨牌，還可以和孩子一起進行顏色配對。推薦大家可以購買包含多種形狀的積木，包括基礎方塊薄片、可以套環的圓柱體和正方體，另有 4 個圓環搭配磁鐵，可以和長棍配合組成車輪。還有圖形配套，就連積木盒的蓋子，都可以用來玩遊戲！

3. 玩具收納系統

父母肯定會對堆積如山的玩具感到頭痛，如何收納呢？這裡分享一個小技巧給大家。大家都知道玩具的功能有很多，比如：動手搭建積木可以鍛鍊精細動作，玩音樂玩具可以培養樂感，玩各式各樣的毛絨玩具可以增加常識。大家在替孩子準備玩具時，可以按照各個功能進行購買。父母可以準備 7 個收納櫃，一個收納櫃對應每週的一天。並將不同功能的玩具一起放入一個收納櫃裡，以確保在一天內能均衡鍛

鍊孩子的各項能力。這種做法一是減輕了父母的收納整理負擔；二是增加了孩子對玩具的新鮮感。

二、學習理論

（一）觀察學習理論

　　巴夫洛夫（Ivan Petrovich）的實驗告訴我們，人的行為源自人的本能，比如：狗見到食物以後會不自覺地流出口水。而班度拉認為，我們的複雜行為主要是透過後天學習而習得的。其中，行為的習得主要是透過兩種方式，一種是根據直接經驗而學習某種行為，班度拉把這種行為習得過程稱為「透過行為得到的反應（如獎勵、懲罰）所進行的學習」，即我們所說的直接經驗學習，比如：因為滾燙而避開熱水；另一種是觀察學習，即透過觀察榜樣的行為及其獲得的反應結果而習得行為，我們也稱為「間接經驗的學習」，比如：電視上播放的暴力影片容易造成一些觀眾的模仿。

　　據此，班度拉提出了社會學習理論，在他看來，人的行為、認知和環境 3 個因素相互影響。他提出的觀察學習得到了很多研究的證實。在觀察學習的過程中，人們透過觀察榜樣的行為，進而獲得了某種活動的表徵，並引導適當的操作。

觀察學習一共有 4 個階段：

第一個是注意階段。在注意過程中，榜樣本身的特徵、學習者的認知特徵以及學習者和榜樣之間的關係等諸多因素影響著學習的效果。

第二個是保持階段。這一階段雖然榜樣不在學習者的腦海中再現，但他的行為仍然保持在學習者的大腦中。如果想要確保學習行為可以在記憶中長期保持，那麼我們不僅需要把學習行為以表徵的形式留存在記憶中，還需要把表徵轉換成符號。這是因為長時記憶的特徵必須透過符號這一媒介加以保存。

第三個是轉化階段，也就是將記憶活靈活現地表現出來。

那麼，學習了榜樣的行為以後，怎樣才能再現類似的行為？實際上，觀察學習者（或模仿者）的行為表現受到很多因素的影響。其中一種影響是由強化帶來的，也正是觀察學習的第四個階段 —— 強化階段。

本文在這裡介紹兩種強化：

* 自我強化，即個人依據自己的標準按強化原理安排自己的活動或生活。比如：達到一個目標就給自己一個鼓勵或物質性獎勵。
* 替代性強化，即學習者看到榜樣或他人在做類似行為後受到強化，從而使自己也體會到強化帶來的效果，提升學習者的行為效率。

（二）潛伏學習

托爾曼（Edward Chace Tolman）是 20 世紀著名的心理學家，他糅合了當時眾多心理學的理論，包括行為主義和認知主義，形成了卓越的理論和研究方法，更促成了 1950 年代末期的心理學「認知革命」。他也是新行為主義學派代表人物之一，在華生的古典行為主義的基礎上提出仲介變數的概念，並在刺激－反應間加入認知這一仲介因素，彌補了經典行為主義的缺陷，是認知心理學的先驅。在這裡，我們介紹他的一個經典動物實驗。

托爾曼團隊選用 3 組白鼠來研究在迷津學習（maze learning）過程中，食物（強化物）對學習的作用。其中，甲組無食物獎勵，乙組有食物獎勵，丙組為實驗組，延遲獎勵，即前 10 天不給食物，從第 11 天起才在達到目標時給予獎勵。

結果發現，在前 10 天，無食物獎勵組和延遲獎勵組所犯的錯誤要遠多於有食物獎勵組。而 10 天後發現，延遲獎勵組和有食物獎勵組錯誤次數相似，之後延遲獎勵組的表現甚至優於有食物獎勵組。托爾曼認為，延遲獎勵組雖然開始時未受獎勵，但動物在腦海中卻形成了一種認知地圖，「知道」迷津中的空間關係，「知道」迷津中的路線安排大致是如何，比如：何時會出現下一個轉角，如何才能走到終點。

根據上述結果，托爾曼認為強化不是學習所必需的，在他的實驗中，沒有受到強化的延遲獎勵組的白鼠也在學習，只不過暫時沒有表現出學習效果，托爾曼稱這種學習為「潛伏學習」（latent learning）。他認為學習不僅需要知識，還需要目標，如果沒有目標，學習可能表現不出來，其結果不一定展現在外顯的行為上。比如：雖然有些孩子在觀看暴力影片後，並沒有直接表現出攻擊性行為，但是一旦處於合適的條件下，孩子的攻擊性行為也就顯現出來了。

綜上所述，我們可以看到個人的認知、行為與環境 3 個因素對自身的影響。在電視、網路等媒體席捲每個角落、侵占人類大腦每個空隙的世界裡，我們必須理性看待電子媒體對孩子學習的潛在影響。

三、是否禁播動畫

根據資料顯示，有 80％以上的孩子喜歡觀看動畫中的打鬥場面。儘管收視率是商業上考慮的最重要因素，不過單單為了保障收視率，就加入更多暴力情節，這真的是正確的做法嗎？

《天線寶寶》被認定是適合於 1 ～ 5 歲孩子觀看的節目。或許在成人看來，《天線寶寶》傻乎乎的，甚至不懂這個節目想表達什麼。前文我們也介紹了，孩子感知的世界不同於成人，而《天線寶寶》是在充分理解孩子之後創造的作品，

也是孩子練習英語發音和聽力的好節目。現在風靡孩子世界的《粉紅豬小妹》也是如此。或許我們成人不能理解為何《粉紅豬小妹》裡的「四眼」小豬深受孩子喜愛，不知道為什麼孩子會沉迷於與喬治一起踩泥坑。但《粉紅豬小妹》是用孩子能夠理解的敘事手法分享了小豬佩佩和爸爸媽媽一起生活的小故事。那麼，父母應該怎麼做才能減少不適當的電視節目對孩子的影響呢？

（一）陪伴孩子一起看電視

大部分父母覺得孩子看電視的時間是一個比較閒暇的時光，父母可以坐下來玩玩手機，緩解一下育兒導致的體力耗竭。但我們建議，父母最好在旁邊向孩子解釋哪些地方是對的，哪些地方是錯的。在這個過程中，父母的陪伴也可以滿足孩子對愛的需求。一旦需求得不到滿足，孩子內心的「呼喊」沒有得到父母的關注，內心的需求就會促使他們用自己的方法去尋找，而電視內豐富的情景和精心設計的故事情節可以滿足他們的需求。久而久之，孩子就被動畫裡的卡通人物深深地吸引了。

（二）為孩子選擇優質動畫

對於動畫的選擇，大部分父母一般覺得從頻道裡隨便挑一些播放量較高的動畫就好了，可是，不同動畫的適用族群

是有區別的。為此，父母要根據孩子當前的興趣為孩子挑選優質動畫。專家研究顯示，孩子最適合看的作品有兩類：一類是兒童文學作品，比如：迪士尼系列為孩子打造的童話世界，展現了勇敢堅韌的公主們和為愛奮不顧身的王子們；另一類是傳遞知識的作品，比如：大自然探祕、科普專題、科幻題材等，可以在有限的條件下向孩子介紹大自然的奧祕。我們要指導孩子觀看這些引導正確價值觀的電視節目，而不是讓傳遞負面資訊的節目進入孩子的視野。

（三）控制時間

0～2歲的孩子因骨骼、視力發育不完善，盡量不要看電視。如果實在要看，父母應該把孩子看電視的時間控制在15分鐘以內。對2～3歲的孩子來說，他們每天看電視的時間則不超過30分鐘。3歲以上的孩子需要控制在45分鐘以內。等到了學齡期，孩子一天看1小時電視足夠了。父母一定要注意，到了規定的時間就關閉電視，不能再拖延。美國用「沙發馬鈴薯」來形容那些拿著遙控器，蜷縮在沙發上，一動也不動，只會跟著電視節目轉動眼珠的人。電視對人們的危害最主要的是在於它以通俗、直白的話語呈現每一情節，剝奪了人們大腦獨立思考的機會。

有研究顯示，孩子看電視的時間越多，他們的語言能力會越來越低。除此之外，電視以高速變化的影像和五彩繽紛

的配色吸引了孩子的注意力。在電視反覆的刺激下，孩子的注意力極容易渙散，導致上課分心。所以，父母不僅需要嚴格控制孩子看電視的時間，還需要花更多的時間陪伴孩子，滿足孩子對關注和愛的需求。

第五章
教養的迷思：父母決定孩子的人格發展

第二節
四種教養方式：你是哪一種

心理學家戴安娜‧鮑姆林德（Diana Blumberg Baumrind）主要根據兩個維度來衡量父母的教養方式。

◆ 第一個維度：父母的回應程度（responsiveness）

即父母以合適的方式回應孩子，以表達支持、溫暖和接納。高回應程度的父母會用各種形式表現對孩子的愛，回應孩子的愛；低回應程度的父母對孩子則是採取忽視、拒絕等冷漠的方式。

◆ 第二個維度：父母的要求程度（demanding）

即父母為孩子制定並落實規則的程度。高要求程度的父母會制定規則，並且嚴格執行；而低要求程度的父母則本著順應孩子天性的態度，對孩子不做要求或採取低要求。

為此，我們通常將父母分為專制型父母（低回應＋高要求）、溺愛型父母（高回應＋低要求）、民主型父母（高回應＋高要求）以及忽視型父母（低回應＋低要求）。

一、專制型父母

專制型父母想讓孩子成才的決心是很堅決的，但他們的錯誤在於方式過於嚴厲，甚至有些不近人情。當孩子一旦不符合自己的要求和期望時，就輕則冷眼相對，重則打罵問責。在日常生活中，專制型父母會把孩子當作自己的附屬品，不但將自己未能實現的理想強行加在自己孩子身上，還會忽視孩子自己的人格、個性和愛好，把孩子的成績、受到的表揚等作為和朋友炫耀的資本。為了達到上述目的，父母會嚴格要求，還奉行著「棍棒底下出孝子」的信條，甚至在日常生活中還會擺出高高在上的姿態，隱藏自己對孩子的關心，不會站在孩子的角度考慮問題，還會要求孩子無條件地服從自己。

專制型父母管理下的孩子在學業上會過度焦慮，甚至在考試時心裡還會不斷想到「考不好怎麼辦」、「沒有得第一怎麼辦」這些問題，從而影響正常水準的發揮。而且孩子對待學習缺乏內部動機，認真努力地讀書只是為了避免懲罰。父母不斷的否定、批評、不認可會導致孩子的低自尊，在解決問題時唯唯諾諾，缺乏自信。

▌二、溺愛型父母

　　溺愛型父母會無條件地滿足孩子的需求，當孩子出現不良的行為舉止時，不會耐心幫助孩子分辨是非，反而選擇沒有原則地原諒。比如有些獨生子女從小受到來自祖父母、外祖父母和父母的關照，這種家庭中的孩子便處於一種「捧在手裡怕摔了，含在嘴裡怕化了」的溺愛環境中。

　　溺愛型父母教育出來的孩子大多自私自利，以自我為中心，面對困難選擇退縮，也常常會把自己的成功和失敗歸因於不可控制的外部因素，這種行為表現的背後原因和孩子長期生活在一個「茶來伸手飯來張口」的家庭環境下關係密切。如果孩子長期生活在溺愛的環境下，父母對孩子的行為沒有做到堅決的控制和有限制的滿足，從而沒有讓孩子養成對規矩應有的敬畏，就可能導致悲劇的發生。

　　關於溺愛型父母，有個非常有意思的地方在於，他們並沒有意識到自己在溺愛孩子，認為自己這只是比其他父母更呵護和包容孩子。這樣的認知偏差，導致教育上的錯誤無法得到及時地改正。如果父母想要判斷自己是否過於溺愛，可以看看上述的行為特徵是不是在自己孩子的身上有所展現。

▌三、民主型父母

民主型父母與孩子和諧相處、互相尊重。當面對一些棘手問題時，父母會採用溝通、換位思考這類理智且成熟的應對方式。民主型父母會營造出一種輕鬆、平等的家庭氛圍。他們會把自己的孩子看作獨立又自由的生命體，不會把孩子當作自己的附屬品和戰利品，更不是朋友之間炫耀的資本。他們及時關懷孩子，聽取和接受孩子的意見。

民主型教養方式下的孩子在學業上因父母及時的鼓勵，發展出了對學習的熱情。孩子熱愛讀書是因為對知識本身的興趣，學習目標明確，學習動力強烈。父母的鼓勵和及時的關注幫助孩子發展出自尊水準高的特質。父母和孩子積極的溝通幫助孩子正確地對成敗進行歸因，因此孩子不會單純地將失敗歸咎於內在因素，還會考慮外在因素，導致下次依然有信心去嘗試。面對成功時，孩子會積極地肯定自己的能力，還會考慮外部因素，做到更加全面地歸因，以期待下次取得更大的進步。

▌四、忽視型父母

忽視型父母對孩子身邊發生的事情沒有給予足夠的關注，例如：當孩子向自己傾訴生活上的不如意時，這類父母

往往會說：「這是你的問題，你要自己學會解決。」或者籠統地回答：「要學會換位思考。」忽視型教養方式下會出現一種矛盾局面，一方面父母常常抱怨孩子不和自己溝通，凡事悶在心底；另一方面孩子常常不懂為什麼父母不理解自己。這種情況會導致孩子拒絕與父母溝通。

忽視型教養方式下的孩子在生活中會為了博取他人的注意和認可，採取打架、自殘和鬥毆等極端方式。而父母的行事方式也會被孩子學習和模仿，導致孩子在與人的相處過程中很少替他人考慮，不會換位思考，不夠熱情和關心自己的同伴。孩子常常感到自己是不被愛的，久而久之喪失了愛人的能力，進而無法與他人發展正確的親密關係。

第三節
「華人父母」：越努力越糟糕

　　臺灣的青少年自殺率約自 2014 年起呈現增加趨勢，根據衛福部提供的資料，10 ～ 14 歲、15 ～ 19 歲兩個年齡層的青少年，自殺死亡率（每 10 萬人口）自 10 年前的 0.3、2.6，到 2022 年已經增加到 1.6、5.4。這樣的資料令人驚心。可能有些父母心裡想：「現在孩子的心理承受能力太差了吧！」

　　父母常常認為現在的孩子物質條件優越，選擇結束生命這種方式來逃避問題是愚蠢的。可是父母有沒有思考過為什麼生活在條件如此優越的環境下的孩子還會選擇自殺？原因有很多，我們在這裡可以講最典型的一種 ——「體會不到快樂」。明明已經取得好成績了，父母的期待卻越來越高，孩子便體會不到好成績帶來的愉悅；明明想和同學一起旅遊，父母以擔心安全而睡不著為由，折斷了孩子想看看世界的翅膀；明明是父母自行承諾會好好照顧你、為你提供物質保障，卻摻雜著父母的訴苦，理想和現實的矛盾壓垮了孩子對生活的期望。「你知道嗎？父母都是為了你才這樣辛苦的！」

「我們對你還不夠好嗎？」在和父母相處的時光裡，你是否感受到了這種心理控制？

　　心理控制，通常是指團體或者個人用一些非道德的操縱手段來說服某人按照操縱者的願望改變自己，這種改變通常給被操縱者帶來損害。父母常常以不自知的方式將類似於「我愛你」的話語轉化成刀子插入那些愛你們、尊重你們的孩子的心中。

一、「華人父母」特點

（一）限制溝通

　　限制溝通主要表現在，很多時候父母一旦不能接受孩子的想法，就會嘗試曲解或者忽略他們真實的想法。比如：用「這件事等你回家再說吧」或是「等你考完試再說」這樣的話來搪塞孩子。父母一次又一次地拒絕與孩子溝通，其實就是一次又一次地用繩索將孩子捆綁在自己身上，不允許他們有任何脫離軌道的行為。

（二）引發內疚

　　引發內疚是指父母有時透過強化自己對孩子的奉獻而不斷加深孩子對父母、對家庭的內疚感，進而加重孩子身上理想

與現實的矛盾。比如：「你想出國，沒關係，爸爸媽媽辛苦一點，把房子賣了可以了」、「你看看你比別人要多花多少錢？」父母利用話術將愛轉變成壓力，壓得自己的孩子喘不過氣來。

（三）言語攻擊

言語攻擊是指父母反反覆覆地用孩子的過失來攻擊孩子。「你難道又要像之前那樣考不好嗎？」孩子已經因為以前的錯誤受過責備，再拿出來反覆說，一次又一次地讓孩子體驗那份痛苦。被說多了，孩子會覺得自己糟糕透頂、一無是處，甚至變得要麼自卑，要麼不在乎。

（四）收回愛意

收回愛意是指父母以愛為由，脅迫孩子服從自己、順從自己的願望。比如：「妳不結婚，有沒有想過父母會怎麼樣，那這樣我們就當沒有妳這個女兒了」、「你要是再哭，爸爸媽媽就不要你了」。患得患失的親子依戀關係容易導致孩子成長後期依戀的缺失。

▌二、如何做優質的父母

父母要根據相應的領域以合適的方式拒絕孩子。舉例來說，當問題與道德或法律有關時，父母有責任和義務教給孩

第五章
教養的迷思：父母決定孩子的人格發展

子正確的知識。未成年的孩子因為身心發展不成熟以及認知發展的限制，對道德和法律暫時無法形成正確的觀點，很多時候意識不到其中的嚴重性。比如：幼小的孩子隨便損壞他人的玩具等，父母在這些方面對孩子的干涉並不會引發孩子過強的負面情緒。而當涉及孩子交友時，需要讓孩子自行探索什麼樣的朋友才是最合適的，否則過多的干涉容易引發孩子的消極情緒。在很多父母眼裡，孩子不應該與成績差的孩子交朋友，可是父母有沒有想過，在指導朋友讀書的過程中，孩子也有可能鞏固知識呢！當涉及個人問題，如早睡早起、多看好書、少玩手機等，父母需要在自己做好榜樣的基礎上要求孩子，並且與孩子協商尋找最合適的解決辦法。

我們可以從兩個方面來看待父母對孩子的管理，一是指導方面，即父母應該以何種方式對孩子的行為進行督促；二是教養方式，即父母應該用怎樣的方式對孩子進行指導。我們可以讓兩個維度分別處於橫縱座標，於是父母對孩子的管理方式就被劃分為 4 種類型：

* 有理有據的支持。即採用民主的方式指導孩子行為，比如：與孩子溝通制定規則，在孩子違反規定後予以懲罰。
* 強迫性的規則制定。即父母完全按照自己的意願為孩子制定規則，並採用威脅、恐嚇等方式迫使孩子遵守規則。

* 少指導少教養。可以理解為我們通常所說的「溺愛」。
* 無規則高指導。親子間沒有溝通後形成的規則，但是父母常常隨心所欲地制定規則並強迫孩子遵守。在這裡，我們建議父母在管教孩子時採用合理制定規則的方式。

我們可以舉個例子來談一下如何合理制定規則。孩子通常會害怕某個東西，可能是害怕玩溜滑梯，也可能是害怕晚上一個人上廁所。不少父母面對這類問題會一味地強迫：「怕黑？那就把你關進漆黑的房間，狠狠地哭一場就好了！」但這樣並不能真正讓孩子擺脫對黑暗的恐懼。我們建議父母首先要採取與孩子溝通的方式，了解他恐懼的原因究竟在哪。之後，父母可以分享自己生活中的事例，與孩子達成共識，比如：孩子因為看了恐怖片而害怕所有黑暗的東西，我們可以鼓勵他在睡覺時保留小夜燈，逐漸消除孩子對黑暗的恐懼。

我們還可以結合孩子的用餐行為對父母的指導進行更深入的探討。有些孩子吃飯時表現不好，主要展現為以下幾種：

* 不愛吃飯，喜歡吃水果、零食，吃飯時常常需要父母追著餵。

＊ 挑食，比如：只吃蔬菜。我相信很多父母都會對這類行為感到頭痛，為什麼不吃呢？如果孩子等一下餓了該怎麼辦呢？餵飯的過程中一方面存在著對孩子不好好吃飯、不好好聽話的憤怒；另一方面存在著對孩子是否吃飽、營養是否充足的擔憂。

其實孩子的這類行為常常可以歸因於「直升機父母」。這種類型的父母常常認為孩子還小，沒有應對和處理危險的能力，無法獨立生活。在這種思想下，父母常常自以為是──認為只有自己才知道什麼才是對孩子最好的。這類父母會在吃飯時全程盯著孩子吃飯，還不停地說：「把青菜吃了」、「為什麼不吃肉肉，是不好吃嗎？」、「一口飯，一口菜」……在這種高壓的監管下，孩子很容易喪失吃飯的樂趣。

直升機父母會強行要求孩子把飯吃完。這種類型的父母在面對孩子說「飽了」以後，還會不斷地質疑：「就吃這麼一點，你真的飽了嗎？你再吃幾勺。」父母的自以為是強行剝奪了孩子對飢餓和飽腹的判斷，長此以往，會損壞孩子自我察覺的能力。因為在孩子生命的前 3 年，他們需要透過自己的雙手去感受世界，透過感覺來獲取對世界以及自我的認知。就像穿衣服一樣，沒有孩子天生就會自己穿衣服，他們需要肢體的發展以及不斷地練習，進而才能學會如何把衣服穿好、帽子戴好。

如果父母一直圍在孩子身邊，不停歇地進行哄餵，孩子會喪失自主能力，影響其身心健康發展。如果我們把吃飯的主導權還給孩子，那麼孩子會逐漸體驗到進食帶來的愉悅，更深切體會到食物的美味。具體來說，父母可以讓孩子做主引導輔食添加，如果孩子開始對棒腿、紅蘿蔔這類方便抓舉的食物感興趣，可以提供他們相對軟爛、大塊的食物，而不是一貫使用軟乎乎的輔食。在這個過程中，不僅可以增加孩子進食的樂趣和動手能力，孩子還會透過不斷地練習和嘗試，合理判斷自己對食物的接受能力。

孩子如果不愛吃某種食物，父母也不必因這種正常的現象而焦慮。你想想，你其實也有愛吃或不愛吃的食物。孩子不愛吃某種食物，或者吃得很少，我們不需要過於著急。我們需要做的，就是讓孩子這種暫時「不喜歡」的食物消失，或者透過其他方式呈現出來。比如：不愛吃蔬菜的孩子，我們可以把青菜藏在飯團裡。

其實父母不用過分擔心孩子的偏食會影響孩子的健康成長，畢竟在尚未探索完的大自然中，他們想找到適合自己吃的食物並不是什麼難事。如果父母總是過分放大問題的嚴重性，表現出憂慮狀態，總是給孩子貼標籤——「他總是挑食」、「她不是個乖寶寶」，這樣的消極評價只會讓孩子產生反向心理，對吃飯這件小事更加牴觸。甚至，孩子還有可

能對父母的評價照單全收，認為自己確實是一個「問題孩子」，這對於孩子的身心健康發展也是不利的。健康的營養搭配，包括脂肪、維他命、碳水化合物、蛋白質幾方面。針對每種必需的營養物，父母都盡可能選擇豐富的食材，根據孩子的興趣靈活安排，就能確保充分的營養攝取了。

　　一切的餵養方式，基本的原則就是根據孩子的動手能力以及興趣愛好，並在科學的營養需求上，以尊重和愛的態度，讓孩子學會如何自主吃飯，逐步體會吃飯的樂趣，最終獲得自主進食的能力。積極的養育心態，一定可以讓孩子成為更愛吃飯的孩子。

第四節
隔代教養：正慢慢影響孩子一生

隨著工作競爭日益激烈，生活的壓力越來越大，減輕年輕父母的壓力成為隔代教養現象存在的主要因素。老人退休後，找不到自己生活的重心，空巢的狀態讓他們感到無聊，隔代教養的方式能用孩子的歡笑填滿老人空虛的狀態，天倫之樂的親情能為老人尋找到價值感。雖然隔代教養逐漸成了現代都市的主流撫養方式，但隔代教養也有諸多不足。

一、隔代教養的不足

（一）只養而不教

原先被捧在手心裡的孩子，如今要把他們視如珍寶的孩子交給祖輩撫養，那麼老人的首要任務就是確保孩子的身體健康和出行平安。這常常會導致老人對孩子無原則地溺愛、放縱和遷就，長此以往，孩子很容易養成任性的壞性格。摔

壞了別人家東西就用「自己家孩子是不小心的」輕描淡寫地帶過。可愛的孩子會讓老人過分關愛、過分保護以及過多地限制，這也會增加孩子的依賴性，導致孩子社會適應能力和獨立能力較差，無法順利地開展社交活動。

我們通常會喜歡那種有教養的孩子，其實有教養就是懂規則，懂得什麼時候可以吵鬧，懂得自己不能為所欲為。老人不為孩子設定規則，讓孩子隨心所欲、盡力滿足。那麼當父母為孩子設定規則時，就一定會引起相應的親子衝突，如果此時再加上老人的推波助瀾，孩子就放縱得更加肆無忌憚了。我相信父母最討厭的是好不容易和孩子商量好我們如何培養好習慣，回老人家待幾天孩子就忘得一乾二淨了。

最重要的是，如果我們不能幫助孩子養成自我控制這一優良品格，等到他們長大成人、步入社會後，就難以在短期誘惑和長遠利益間進行選擇，也很難有很好的發展。

（二）隔代的價值觀衝突

社會的快速發展導致親子間的代溝逐漸擴大。具體來說，老人會存在盲目的經驗主義。在老人心裡，年輕人依舊是孩子，哪怕學歷再高，依然缺乏生活經驗，缺少實踐經驗。「你懂什麼」、「我們那時都是這樣的」，用這樣的話拒絕與孩子的溝通，以抗拒接受新的教育方法。

從前激流勇進、乘風破浪的年輕人，在現實和社會的磨

礦下逐步形成思想保守、傳統老派的人格心理特徵。17 世紀法國箴言作家法蘭索瓦・德・拉羅希福可（François de La Rochefoucauld）曾說：「當我們變老時，我們同時也變得更愚蠢和聰明。」長期的生活經驗對老人而言是「金子」。一輩子磕磕碰碰的經驗，尤其是養育孩子的經驗，讓他們難以接受他人的觀點。經驗是一把雙刃劍，也就是說，經驗雖然能讓他們更加老成，但從另一個角度來說，這也是一種障礙，會妨礙他們拋棄頭腦中的舊知識，不容易接受新知識。比如：年輕的父母會帶孩子去看電影、開派對、去遊樂園玩等，而老一輩無法理解 —— 都是玩，為什麼還要花錢去玩？於是他們會選擇帶孩子串門子，或者在家看電視。老人過於落後、死氣沉沉的教養方式可能會爆發激烈的衝突。

（三）父母的愛的匱乏

我身邊隔代教養的例子中，父母長時間與孩子分開而讓老人長時間帶著孩子，而老人無條件的溺愛使得孩子更願意選擇黏著他們。這種情況下，孩子與父母的關係越發疏遠，造成親子間的隔閡。而且父母陪伴的缺失也會導致父母的愛的匱乏，會影響孩子的心理健康和人格發育。孩子與生俱來會渴望與父母建立親密的聯結，所以父母要盡可能地滿足他們的這種需求。

然而，在祖父母身邊長大的孩子心理滿足感要遠遠少於

在父母身邊長大的孩子。即使老人將全部感情都傾注到孩子身上，依然取代不了父母特別是母親對孩子的情感哺育。當老人年齡漸長，孩子也會慢慢回到父母身邊，那麼親子間的隔閡可能會阻礙雙方的溝通，導致孩子不聽話，出現摔門等行為。

（四）影響老人晚年生活品質

孩子的精力是沒有上限的，哄睡、餵飯等都會影響老人的生活品質。老人不僅需要在精力上犧牲甚多，還需要在財力上有所奉獻。看見孩子喜歡的小零食和小玩具，老人總會忍不住掏錢。明明是可以去跳廣場舞的時間，卻被養育孩子束縛，繞著廣場追孩子跑。明明是可以和鄰居聊八卦的時間，卻只能因孩子的教育問題和子女互相慪氣。

繁重枯燥的帶孩子任務占據了老人的世界，因而疲憊、焦慮的老人越來越多並不令人意外，帶孩子倍感焦慮、高壓力的老年人便成了社會關注的對象。

二、改善後的隔代教養

剛剛列舉了隔代教養的不足，但是如今父母面對的社會壓力如此之大，很難做到放棄工作專心撫養孩子，有人說可以找保母，但保母也不是最佳選擇，有些保母還很不可靠。

讓老人來照顧孩子，雖然他們也有錯誤的做法，但那些「土方法」都證明了祖輩對孩子的愛。除此之外，聘請保母所帶來的金錢負擔也常常困擾著父母。那麼我們應該怎樣才能讓隔代教養問題獲得圓滿解決呢？

（一）掌握育兒主動權

　　良好的隔代教養應該是主動權在親生父母，老人其實是可以產生一個輔助作用的，但應該按照年輕人的方式來養育。因此，年輕父母也要有良好的心態，要明白陪伴孩子成長的人是自己，也只能是自己，要知道自己承擔的是引導孩子直到他們成年的責任。我們還需要在行動上表現出來，比如：不要求老人在孩子生病時陪床照顧。你要表現出自己對撫養孩子的自信，以及對老人的關心與愛護，向老人表現出你已經發生了角色的轉換，從前的那個「小孩」已經不見了。

　　新生兒從剛出生到 2 個月大的時間段，對他們的身心發展具有極其重要的意義，被稱為「共生期」。共生是指透過兩個生物體「一起生活」的方式互相給予對方必需品並且從中體會到幸福感。在共生期內，與孩子朝夕相處的那個人，會與孩子建立最偏愛的「優先關係」，我們也可以透過第四章所說的「銘印」來理解。這個人通常是媽媽，因為媽媽可以透過提供食物給孩子 —— 母乳，從而與孩子有最柔

軟、最直接的接觸——擁抱。如果在孩子出生後重要的 2 個月——共生期內，父母能最大限度地參與孩子的照料，就能以最快的速度熟悉彼此，建立起親子間的信任關係。

除此之外，我們要盡量自己帶孩子。不要想著為了偷懶，無論是假期還是工作日，都把孩子丟給老人照顧。應該是在夫妻二人均無法照看孩子的情況下，比如工作時，才有必要委託老人幫忙照顧。

父母要儘早掌握帶孩子的祕訣。你能比老人更快搞定孩子，就能越快在老人心目中樹立權威形象。在產假時就學會自己照顧孩子，學會怎麼與孩子相處，和孩子建立起親密關係，更善於找到問題的關鍵原因，進而學會更加遊刃有餘地處理親子問題。當老人搞不定問題時，急得和熱鍋上螞蟻一樣，看見你對如何搞定孩子瞭若指掌，也就自然而然地在他們心目中樹立起育兒的權威形象。那麼，老人還會時不時地來請教你。

（二）與老人溝通

很多父母覺得隔代教養最難的是如何改變老人不願接受新建議和新事物、故步自封的心態。對於這個問題，父母不要將老人置於和自己對立的陣營，也不要總是試圖在老人面前證明自己已經長大了，而是要著眼於全家對孩子的關愛。

遇到這種問題，我們可以在溝通前冷靜 5 秒，讓理智發

揮作用，再採取金字塔溝通法。這個溝通法主要分為 3 步：第一步是明確目標；第二步是描繪美好的信念；第三步是商討即將進行的行動。

我們可以以「餵飯」這件小事舉例說明：

「媽媽，其實我們大家的目的都是為了孩子能夠好好吃飯，有健康的體魄，順利地長大。」—— 透過勾畫孩子的美好未來明確一致的目的。

「我們可以好好培養孩子的進食習慣，透過這個過程逐步發展孩子的自主能力，減輕您照顧孩子的負擔。您的擔憂我能理解，您對孩子的細心和周到讓我們很感動。」—— 透過站在老人的角度，一同描繪對孩子美好的信念。

「我和孩子爸爸準備去學習如何哄睡孩子的課程，除了會學習如何哄睡，還會學習如何確保孩子的睡眠品質，學習如何提升孩子按時睡覺的積極性。我們會把課上的知識和經驗一起分享給您，讓我們一起為了孩子的睡眠問題努力吧！」—— 和老人介紹自己將要進行的下一步活動，並且向老人表明自己一定要解決問題的決心。

老人和年輕人之間的觀念隔閡導致發生爭執是必然的，那麼當雙方發生爭執時，我們應該怎麼去做呢？首要原則是盡量避免在孩子面前爭吵。這樣做一是因為孩子年齡尚小，認知能力發展還不夠完善，沒辦法正確理解什麼是爭吵以及

為什麼爭吵，但爭吵這個過程會傳遞出「我是個壞孩子」的消極評價給孩子，削弱孩子的信心，影響孩子的自我認知。二是在爭吵過程中，育兒意見不明顯，育兒界線模糊，孩子在這個過程中難以順利建立「規則」這個概念，從而消耗成長的能量。比如：在父母單獨帶孩子的過程中，明明已經確立了孩子飯前不吃零食的規矩。但當老人在工作日過來幫父母帶孩子時，面對孩子不斷撒嬌要零食的行為，媽媽一直堅守自己的底線，奶奶卻說：「孩子餓了，妳就給他吃一口嘛！」此時，孩子看見有人撐腰，便會更肆無忌憚地哭鬧以獲得自己想要的利益。

其實如果是奶奶不在的情況下，孩子都會好好聽話。但因為在孩子面前爭執，孩子會利用雙方的爭執變本加厲地違反規則。老人和父母的規則都會徹底失去效果，兩方的規則孩子都不遵守，規則的意義在孩子心裡便暗淡無光了，甚至不利於孩子心中「規則」概念的塑造。

針對這種問題，我覺得我們可以在家裡選擇一個具有較強的邏輯能力、說一不二、決斷能力較強的人作為「意見領袖」。關於意見領袖，顧名思義，他應該是在家庭中比較有話語權的人，也就是能合理說服他人的人。男性可能更勝任這個角色，因為他的言行舉止更加果斷，意志力更加堅定，這些特徵都可以防止孩子在試探的邊緣徘徊，讓育兒變得更

加輕鬆有效。具體來說，爸爸很少會因為孩子的死纏爛打或者「一哭二鬧」而妥協。如果爸爸禁止孩子吃糖，那麼男性權威的力量能讓孩子好好服從。

像上述的問題，我們可以尋找孩子爸爸去和奶奶進行一次深層次的溝通。每一代都有自己的主張、自己的處世方針和育兒風格，可能無法做到觀念一致，但至少要在意見領袖的帶領下，老人不隨意插手，不破壞父母對孩子的管教。

（三）給予老人一定的尊重

根據自我價值定向理論，老人透過帶孩子過程尋找自我價值 —— 自我的存在有價值，以此得到進一步的認可。我們在孩子的養育過程中不僅需要尊重孩子，在隔代教養中還需要尊重老人，讓老人明白自己的付出是值得的，自己的價值是被認可的。面對快速發展的社會，老人需要結合自己的實踐和年輕一代的建議與指導，摸索出帶孩子的經驗。我們還需要給老人放個假，畢竟同儕的社會支持和豐富的物質資源對老人的心理健康是非常重要的，愉悅的心情才能確保高效的育兒。

其實面對老人的一些錯誤，我們要學會接納，畢竟是老人的幫助讓你在育兒和工作間留有一絲喘息的空間，是老人的幫助改善了自己身為父母提供給孩子環境和資源的局限性。不要總把問題推給老人，不逃避自己的責任，找到問題的關鍵，才能智慧地處理問題。

第五節
二胎家庭：煩惱與幸福同在

　　有些只有一個孩子的父母都在猶豫要不要生老二。選擇要第二胎的理由包括可以給大寶找一個玩伴、父母晚年養老多重依靠等；選擇不要第二胎的理由包括經濟能力不夠、照顧精力不足、擔心大寶不同意等。建議各位父母在清楚衡量自身各個條件後再做出相應的選擇。

　　我們這裡更多談一下如何協調兩個孩子之間的關係。當媽媽在哄哭鬧的二寶時，回頭一看，大寶靜悄悄地用蠟筆把自己全身畫得到處都是。我相信很多家庭都有這樣的體驗，當二寶出生後，原本能幹、懂事的大寶開始變得愛哭、要抱。仔細想想就會發現，大寶這樣的反常舉動其實是在不斷地向父母表示「我還是個孩子，我也需要你們的照顧」，透過各種不聽話的舉動來引起父母的注意。那麼父母應該怎麼做呢？讓我們分階段來解讀一下。

一、懷孕早期

　　在懷孕早期，我們應該慢慢向大寶介紹什麼是「弟弟／妹妹」。我們可以在逛超市時，指一指孩子的服裝和大寶說：「你看這件衣服這麼好看，我們買給弟弟／妹妹好不好呀？」或者我們可以選擇在整理大寶不要的玩具時，詢問一下大寶：「這個玩具我們將來留給弟弟／妹妹吧！」長此以往，我相信在大寶的心中會逐漸扎根弟弟／妹妹的概念，並逐漸了解到他／她將成為我們家庭中的一員。

二、懷孕中期

　　在懷孕中期，媽媽的肚子也會慢慢地大了起來，這時我們可以慢慢引導大寶和肚子裡的孩子說話。當然，大寶可不會如你所想的安安穩穩地與肚子對話。媽媽可以在大寶頭靠過來時，一邊輕輕頂一下肚子，一邊說：「孩子，你看這是怎麼了？」「弟弟／妹妹動了！」「是啊，弟弟／妹妹在和你打招呼呢！你也和弟弟／妹妹打個招呼吧！」用這樣的方式引起孩子的興趣。之後，媽媽再假裝成弟弟／妹妹的聲音與大寶對話：「等我從媽媽的肚子裡出來後，我要和哥哥／姐姐一起玩。」

三、孩子降生後

等孩子降生後，父母理所當然地需要多注意大寶的情緒。可是心有餘而力不足，二寶的出生定會占掉父母的大部分精力，父母不必為此過於自責，畢竟父母無法時時刻刻保護大寶的情緒，他總是存在需要面對這一切的時候。在平時，父母需要培養大寶作為哥哥／姐姐的角色。比如：叫大寶幫弟弟／妹妹拿下尿布，麻煩大寶幫弟弟／妹妹蓋下被子。還可以多多增加兩個孩子的相處時間，比如互道早安，互相詢問有沒有好好吃飯。父母可以在照顧弟弟／妹妹的過程中，多多鼓勵和讚揚哥哥／姐姐。比如說：「弟弟／妹妹要快快長大啊，要像哥哥／姐姐一樣強壯啊！」總之，要讓大寶在二寶的養育過程中有參與感，逐步意識到自己已經成為一個哥哥／姐姐了。

隨著兩個孩子的成長，不可避免地發生爭吵的現象，很多父母的做法是訓斥大寶：「你要讓著弟弟／妹妹呀！」可是這種做法忽略了大寶的感受，大寶可能年齡也沒多大，如何能理解什麼是責任？還會對「為什麼我要去照顧弟弟／妹妹」心存疑惑。久而久之，兩個孩子的關係就會越來越差。

在這裡，我們建議父母發現孩子爭執時，留一定的空間讓孩子統一戰線。孩子的表達能力有限，無法準確地說出事

情的原委，導致父母難以判斷究竟誰對誰錯。而父母最終對另一個孩子的懲罰，實際上也教會了孩子如何讓他人陷入困境。讓孩子統一戰線，告訴他們：「這是你們兩個的事，你們自行解決。」「你們兩個可以玩玩具，但是如果你們兩個吵架，我會直接把玩具拿走。」父母在孩子的協商過程中，可以予以一定的指導和幫助。我相信在這種方式下，孩子會學會如何與兄弟姐妹相處，並提升他們的人際交往能力。

電子書購買

爽讀 APP

國家圖書館出版品預行編目資料

嬰幼兒心理學，從「認知發展論」看孩子的思維成長：自我意識 × 協調訓練 × 語言學習 × 道德形成 × 共情能力，從他律到自律，塑造孩童正確價值觀 / 郭蓮榮 著 . -- 第一版 . -- 臺北市：崧燁文化事業有限公司 , 2024.07
面；　公分
POD 版
ISBN 978-626-394-459-6(平裝)
1.CST: 嬰兒心理學 2.CST: 兒童心理學 3.CST: 兒童發展
173.1　　113008565

嬰幼兒心理學，從「認知發展論」看孩子的思維成長：自我意識 × 協調訓練 × 語言學習 × 道德形成 × 共情能力，從他律到自律，塑造孩童正確價值觀

臉書

作　　者：郭蓮榮
責任編輯：高惠娟
發 行 人：黃振庭
出 版 者：崧燁文化事業有限公司
發 行 者：崧燁文化事業有限公司
E - m a i l：sonbookservice@gmail.com
粉 絲 頁：https://www.facebook.com/sonbookss/
網　　址：https://sonbook.net/
地　　址：台北市中正區重慶南路一段 61 號 8 樓
8F., No.61, Sec. 1, Chongqing S. Rd., Zhongzheng Dist., Taipei City 100, Taiwan
電　　話：(02) 2370-3310　　傳　　真：(02) 2388-1990
印　　刷：京峯數位服務有限公司
律師顧問：廣華律師事務所 張珮琦律師

定　　價：330 元
發行日期：2024 年 07 月第一版
◎本書以 POD 印製
Design Assets from Freepik.com